在舒适区自律

汤小小 著

电子工业出版社
Publishing House of Electronics Industry
北京·BEIJING

内容简介

一个人足够自律，才能获得更多的自由。但很多人在自律的过程中，会出现各种问题，本书从痛苦、低效、上瘾失控、拖延、三分钟热度、心态等困扰大家的角度，结合作者12年自由工作的自律经验，总结了76种可以直接使用的方法，让你在舒适区养成自律的习惯。

未经许可，不得以任何方式复制或抄袭本书之部分或全部内容。
版权所有，侵权必究。

图书在版编目（CIP）数据

在舒适区自律 / 汤小小著 . —北京：电子工业出版社，2023.5
ISBN 978-7-121-45480-6

Ⅰ.①在… Ⅱ.①汤… Ⅲ.①自律－通俗读物 Ⅳ.① C933.41-49

中国国家版本馆 CIP 数据核字（2023）第 072651 号

责任编辑：张月萍　　　　　　特约编辑：田学清
印　　刷：天津千鹤文化传播有限公司
装　　订：天津千鹤文化传播有限公司
出版发行：电子工业出版社
　　　　　北京市海淀区万寿路 173 信箱　　邮编：100036
开　　本：880×1230　　1/32　　印张：6.875　　字数：154 千字
版　　次：2023 年 5 月第 1 版
印　　次：2023 年 5 月第 1 次印刷
定　　价：79.00 元

凡所购买电子工业出版社图书有缺损问题，请向购买书店调换。若书店售缺，请与本社发行部联系，联系及邮购电话：（010）88254888，88258888。

质量投诉请发邮件至 zlts@phei.com.cn，盗版侵权举报请发邮件至 dbqq@phei.com.cn。

本书咨询联系方式：（010）51260888-819，faq@phei.com.cn。

前言

自律可以很轻松

2023年是我全职写作的第12年。

作为一个自由职业者，我面临的最大考验是：如何才能足够自律？

毕竟，不用朝九晚五地打卡，可以想几点起床就几点起床，想"摸鱼"就"摸鱼"，想不工作就不工作。没有人监督，不用对任何人交代工作。过度的自由，有时候也会成为拖累，让人活得不规律、不健康，沉迷于享乐，而无力实现目标。

所幸，这些年的自由职业生涯，我一直保持着极度自律。每天按时起床，并坚持写一篇文章；公众号"汤小小"保持日更；每个月准时开班，帮学员解决各种问题；每年做一到两个新项目；学一项新技能……

这样日复一日地自律，不知不觉间，我拿到了很多连自己都不曾想过的成果：

在纸媒时代，一年发表 1400 篇文章；

做自媒体时，积累了 350 万名读者；

成立写作营，帮 4 万名学员实现了写作变现；

出版了两本书，制作了 10 门课程；

从小镇姑娘成长为公司创始人，有了自己的团队。

经常有人问我：每天坚持写一篇文章，一坚持就是 12 年，到底需要多大的毅力才能做到呀？其实，我从来没有觉得坚持写作 12 年是一件辛苦的事，更不觉得需要用到毅力。相反，我觉得很轻松，哪天让我不再坚持了，我反而会觉得难受。

自律从来都不是苦苦坚持。像苦行僧那样生活，没有人会喜欢，也没有人愿意多年如一日那样过。真正的自律，其实很轻松，而且是越自律越轻松，就像肌肉记忆一样，你不用多有毅力，便会不由自主地做那些重要的事。

因为自律，我还获得了足够的自由。因为可以高效地把事情做完，能腾出足够自由安排的时间；又因为取得的那些成果，让我拥有了更多的选择权。这些也保证了我每天只需要工作 3 个小时，其他时间可以做自己喜欢的事情，过自己想要的生活。

轻松、自由、想要的事业成果、理想的生活，这些都是自律带给我的。很多人都知道自律的威力，可在自律的过程中，总是会出现各种各样的问题。

有些人自律得特别痛苦，如同"头悬梁，锥刺股"，所以很害怕自律，也很难坚持下去，毕竟，谁愿意过苦日子呢？

有些人自律得特别低效，每天忙着做各种事情，学习各种知识，可就是效率低下，花了大量时间，却始终拿不到满意的结果。

有些人总是上瘾失控，忍不住玩游戏、刷短视频，控制不住自己，以至于重要的事情没完成，生活和工作都处于失控状态。

有些人做事拖延，不管多么紧急的事情，总是拖到最后一刻才肯行动，时间不够，只能敷衍或加班，还常常误事。

有些人总是三分钟热度，明明想要一直自律，可坚持了十天半个月就不了了之了。久而久之，这些人会越来越怀疑自己，也越来越没有信心。

一自律就着急，总想尽快看到成绩，结果越急越焦虑，越急越不能自律。自己百思不得其解，明明那么想自律，为什么做不到呢？

我不喜欢咬牙坚持，更不喜欢苦苦自律，不管做任何事情，我都会研究：怎么才能更轻松地做好它？

对自律这件事，我也挖掘了很多可以轻松自律的方法，让人不用太辛苦，不用加班，用舒适的状态去自律。

经常有人说"要跳出舒适区"，可是，只有在舒适区，人才会更轻松更自在。但是，在舒适区不代表直接"躺平"不努力了。在舒适区，一样可以努力，可以快速成长，可以养成自律的习惯。

太痛苦的事情很少有人能坚持，但在舒适区，我们更容易长期坚持做一件事。这些年，我就是这么做的，从来没有跳出过舒适区，但一样做到了极度自律，并获得了快速的成长。

所以在本书里，我会从大家自律过程中容易遇到的那些问题入手，分享如何在舒适区自律的 76 种方法。每种方法都很容易实操，看完会受益匪浅。

看完本书后，相信你一定可以轻松养成自律的习惯，可以用自律获得自己想要的成绩和自由。

汤小小

目录

第 1 章 为什么你的自律那么痛苦 / 001

一、自律需要选对方向 / 004

二、自律需要绑定销售 / 011

三、自律需要循序渐进 / 016

四、自律需要减少决策 / 022

五、自律需要正向激励 / 028

第 2 章 为什么你的自律那么低效 / 035

一、提升专注力，让自律更轻松 / 038

二、提升学习力，让自律更高效 / 048

三、提升管理力，让自律更快捷 / 055

四、提升思维力，让自律有收益 / 064

第 3 章　为什么你总是上瘾失控 / 073

一、上瘾的深层原因 / 076

二、重新规划你的生活 / 081

三、切断上瘾念头，快速戒瘾 / 089

四、打好保卫战，戒瘾不反弹 / 096

第 4 章　为什么你总是拖延 / 105

一、养成拖延习惯的深层原因 / 108

二、目标越明确，越不容易拖延 / 114

三、计划越清晰，越不容易拖延 / 120

四、结果越可控，越不容易拖延 / 126

五、执行越到位，越不容易拖延 / 130

第 5 章　为什么你总是三分钟热度 / 141

一、内驱力越强，越容易坚持 / 146

二、兴趣越浓厚，越容易坚持 / 152

三、正确对待厌倦期，更容易坚持 / 158

四、养成习惯，让自律像吃饭、喝水一样简单 / 171

第 6 章　为什么越着急越不能自律 / 179

一、别在疲惫状态下自律 / 183

二、越焦虑，越不容易自律 / 190

三、越担心，越不容易自律 / 198

四、越严苛，越不容易自律 / 204

"

第 1 章

为什么你的自律那么痛苦

人性是充满惰性的，没到生死关头，是不会使尽全力来付出的，但有智慧的人，并不会把自己逼到谷底才努力，而是预见自己不努力的未来，将是沮丧、绝望，被众人唾弃的，若等到丧失所有资源才觉悟，那时通常年岁已长，时机也已过了。

——卢苏伟《你要配得上自己所受的苦》

人的天性是充满惰性的，但是有智慧的人，都知道要早点儿努力、早点儿自律。在自律的路上，如果能轻松一点儿，就更容易坚持，也会更愉快。

有些人之所以无法做到自律，是因为把自律搞得太痛苦了。像孙敬那样头悬梁，像苏秦那样锥刺股，都痛苦成这样了，估计听到"自律"两个字都害怕。而且太痛苦，你的注意力都在自律本身上，很难关注到真正要做的事情。

这就像你去参加某次谈判，为了谈判成功，你穿了一件很有质感的衣服，但是这件衣服让你很不舒服，行走坐立难安，你的关注点就会一直被衣服牵扯，很难全身心地投入谈判。如果这件衣服很舒服，你则会忘记它的存在，只专心谈判，不但整个人更轻松，成功的概率也更高。自律和这件衣服有异曲同工之妙。只有让自己不那么痛苦，尽量轻松一点儿，才会忽略自律，让它变成一个工具，帮助我们达成一个又一个目标，做成一件又一件事情。自律不是目的，用自律来达成目标才是。

这本书，我不会教你如何痛苦地自律，而是教你尽可能轻松地自律，直到忽略自律这件事，让它像吃饭喝水一样自然而然。在正式学习之前，我们先来看几个小场景，看看你属于哪一种。

1. 想做的事情特别多，想学习写作，想学习拍视频，又想学习画画，感觉时间完全不够用，经常纠结内耗。如果一件事情没有按时完成，其他的事情都会受影响，然后情绪很崩溃，觉得自己很失败，干啥啥不行！

2. 挑战日更100天，不知道自己能不能完成，心理压力很大，连做梦都在想这件事情。每天为此花费大量的时间，坚持到第30天时，觉得太累了，再也不想日更了，简直不是人干的活儿！

3. 想通过健身减肥，每天5点起床到小区跑步，第一天觉得还行，第二天咬咬牙也坚持住了，第三天根本不想起床，一想到要早起跑步，觉得生无可恋，算了，让自己胖"死"吧！

为什么别人可以同时做很多事情，每件都做得很好，你却不行呢？为什么别人可以日更几年，你却连100天都做不到呢？为什么别人可以早上4点半起床跑步，你却5点都不想起呢？

不是你比别人差，也不是你天生没有别人自律，而是你用错了方法。

别人同时做很多事情，但每件事都是自己所熟悉的，做起来毫无压力，也不会花费很多时间和精力，所以别人自律得不仅轻松，效果还很好。别人坚持日更几年，是因为之前就一直在写作，还有收益的激励，日更对别人来说，并不是很难的一件事情。别人可以早上4点半起床跑步，是因为别人喜欢跑步，享受跑步的快感，一天不跑浑身不对劲。

那么，怎么才能成为"别人"，像"别人"那样轻松自律呢？

一、自律需要选对方向

《爱丽丝梦游仙境》这本书讲述的是爱丽丝去一个庄园参加聚会,误入了仙境。爱丽丝走到一个通往不同方向的路口,她不知道该往哪里走,于是向小猫求助:请你告诉我,想要离开这里应该走哪条路呢?

小猫说:这就要看你想要去哪里了。

爱丽丝说:去哪里都可以,那都不重要。

小猫说:那你喜欢走哪条就走哪条吧,都没关系。

试想一下,你像爱丽丝一样,不知道自己要去哪里,于是随便选了一条路走。你不停地走啊走,走得筋疲力尽、口干舌燥,还觉得自己好努力,一刻也没有停歇。结果走了一天,发现四周还是那些景色,自己还又累又饿的,是不是瞬间要崩溃?并且开始各种怀疑自己、怀疑人生?

为什么这么糟糕?因为你没有方向!没有方向的自律,本质上都是自虐,除了得到心理安慰和自我感动,其他什么都得不到,还把自己累得半死。很多人早起，只是觉得，一个努力上进的人应该早起，起得晚是不自律的表现。所以每天起床都很痛苦，就算坚持一年，也看不到自己有任何进步。很多人每天跑步，只是觉得一个对自己有要求的人应该跑步，不跑就是不自律。所以每次跑得很痛苦，常常无法坚持，还总纠结自己的腿是不是因为跑步变粗了。

这其实都是因为没有方向，就像在路上漫无目的地行走一样，虽然一刻也不肯停歇，不停地在往前走，但没有方向，除了消耗精力和心力，其他什么都得不到。

人生最怕的就是没有方向，自律也是，所以在决定自律之前，请选对方向，方向不对努力白费，方向对了事半功倍。到底怎么才能选对方向呢？

1．选择合适的目标

请记住一句话：自律只是工具，它是为了帮你达成目标而存在的。没有目标，自律将毫无意义。比如说，我想要减肥。这是目标，为了达成这个目标，我需要自律。如果我没有减肥的需求，就不需要在这件事情上自律，甚至根本不需要关注它。

事实上，我真的没有这个需求，有一次跟朋友们一起吃饭，大家都在聊怎么节食，怎么控制碳水（碳水化合物的简称），怎么花钱找专业人员指导，甚至每一道菜端上来，她们立即计算出热量，然后决定吃还是不吃，以及要吃多少。而我完全不用操这个心，我不知道每道菜所含的热量，根本不关心，只要是喜欢的菜，我都会尝一下。那顿饭，别人吃得痛并快乐着，我是完全快乐着。朋友们在吃饭上自律，是因为她们想控制体重，这是她们的目标，我没有这样的目标，所以我不用在这件事情上消耗心力。但是我有其他的目标，比如说，我在运营账号时，想要一年内做到吸引十万名粉丝，那我就需要每天更新内容。为了每天更新内容，我就必须足够自律，保证自己每天都能写出一篇文章。

一个人为目标努力的时候，心里是充满希望的，同时能看到自己一步步接近目标。这个过程，哪怕很苦，也感受不到，更多的是喜悦和期待。痛不痛苦这件事，本来就很主观。而且，一个人有了目标，才能看到成果，有了成果，所有的付出都是值得的。

哈佛大学曾经做过一个调查，调查对象是一群智商、学历、生活环境都差不多的年轻人。这些人里，27%完全没有目标，60%目标模糊，10%有清晰但短期的目标，3%有清晰且长期的目标。25年后，27%完全没有目标的人穷困潦倒，过得非常不如意，只会整天抱怨；60%目标模糊的人活成了最普通的普通人，平平无奇毫无成绩；10%有清晰但短期目标的人成了专业人士，过得体面又有意义；3%有清晰且长期目标的人则成了行业精英。

这就是目标的力量，大家的起点差不多，同样每天都在勤勤恳恳地学习和工作，没有目标的人最后什么都没有得到，有目标的人得到了自己想要的。

自律也是一样的，没有目标，哪怕再自律，最后也只是空有一个自律的人设，不会有任何成绩，因为你自己都不知道自己想要什么。而有目标的人，往往能通过自律得到自己想要的。所以，一定要确定你的目标是什么。在制定目标时，我们应注意以下几个问题。

一是制定长期目标和短期目标。比如说，我要成为一位作家，这是长期目标，但这个目标太大了，需要很久才能完成，甚至久到看不到希望，凡是看不到希望的，就很容易放弃。所以最好再有一些短期目标，比如这个月先学习写作方法。

二是目标越明确越好。比如说，"努力减肥"就不够明确，"一个月减 10 斤"就比较明确。"多读书"不明确，"一个月读 5 本书"就很明确。目标越明确，方向越清晰，也就越知道怎么去做。

三是目标跳一跳才能完成。目标太高，够不到，会失去信心；如果目标太低会没有挑战性，没有挑战性也就没有乐趣。在制定目标时，最好是自己跳一跳才能完成的，既不会太轻松，也不会难到想放弃。比如说，每天运动 30 分钟对你来说很容易，50 分钟会有点儿累，但咬咬牙也能完成，那就定"每天运动 50 分钟"。

2．选择合适的方法

有了目标，还要选择合适的方法。打个比方，你要从北京到成都，是坐飞机、乘高铁还是自驾？通往目标的方法往往不止一种，如果选择了不适合自己的，就会很痛苦，也很难坚持下去。

拿我自己来说，早在两年前，我就一次次地下决心：一定要坚持健身。并且每年的年计划里面，我都会把这一项写进去。比如我 2021 年的计划是这样的。

> 2021年计划表：
> 1. 每天健身30—60分钟
> 2. 出一本成长类的书
> 3. 开一个新的写作训练营
> 4. 看50本书
> 5. 公众号"汤小小"粉丝数量涨到50万
> 6. 做视频号

后面几项难度比较大的计划都完成了，只有前面两项没完成，书没有出是因为我一直没想清楚出什么书，不想随便凑数。看起来很容易的健身居然也没有完成，是因为好多健身方法我都不喜欢，甚至排斥。我尝试过跳绳和跑步，每次累得气喘吁吁，心跳加速，虽然勉强能做，但真的感受不到一点儿乐趣，只要丈夫不催我，我就不想去做。我也试过打羽毛球，这种运动我倒是挺喜欢的，但每次打完以后右臂特别酸，手会发抖。作为一个全职写作者，我每天都要写文章，手发抖会影响我的工作。而且打羽毛球必须两个人参与，需要场地，还需要天气好，无风无雨才行。种种原因，打了几次我就放弃了。我想过学瑜伽，每天强迫自己去上课。但发现我的时间根本不允许，上一个小时课，再加上花费在路上的时间，没有两个小时拿不下来。后来我找到了一个很适合自己的方法，才终于把健身这件事坚持了下来，并且坚持得不亦乐乎。我每天早上7点准时起床，锻炼40分钟，7点40结束，40分钟时间很短，完全不耽误任何工作，而且我还利用这40分钟，一边跟着直播间跳形体操一边背唐诗，8个月把《唐诗300首》背完了。

这种健身方法很像广场舞，甚至比广场舞还要简单，但正因为它不剧烈，体力上完全可以承受。动作虽然简单，却可以锻炼到身体的很多部位。一个很害怕健身的人，不知不觉健身一年了，我知道，这不是因为我特别自律，而是因为我选对了健身的方法。在通往目标的路上，方法对了，自律就会更轻松，也更能坚持。想要选对适合自己的方法，我们可以从以下3个方面去做。

一是自己喜欢的。兴趣是最大的生产力，在通往目标的路上，如果哪种方法是你喜欢的，尽量选它。比如说，很多人想跟我学写作，我都会建议他们写他们喜欢的文体。可以写的文章有很多，观点、故事、影评、书评、人物稿，直接写自己喜欢的会更轻松，写得也更开心。

二是符合自身情况的。每个人情况不同，适合的方法也不同。比如读书，你喜欢沉浸式阅读，也有大片时间，可以一次读一本；如果你很难读进去，也没有大片时间，可以每天读10页。再拿我健身这件事来说，跳绳、跑步、打羽毛球、瑜伽都不适合我自身的情况，即使我想做，也会因为现实原因而不方便做，但跳形体操就符合我自身的情况，所以很容易就做到自律了。

三是得心应手的。每个人的能力不同，同样的事情，有的人做起来得心应手，有的人做起来痛苦不堪。比如说减肥的方法有很多，包括运动、节食等，哪一种你做起来毫无压力就选哪一种。很多时候，我们不知道自己的优势是什么，但通过行动过程中的感受，就能判断出来。做起来得心应手的，就是你的优势。

当然，就算按以上 3 个方面去做，你可能还是不能马上选对合适的方法。没关系，我们可以不断尝试，我选对健身方法时，就尝试了好久。有了目标，又有了适合自己的方法，自律将是一件既美好又自然而然的事情，根本不会觉得痛苦。

二、自律需要绑定销售

　　人生总有一些苦，是绕不过去的。在完成目标的路上，我们可以选择适合自己的方法，但并不代表这种方法就毫无痛苦可言。更何况，有些时候是没有太多方法可以选的。你想成为一个写作者，当然可以选自己喜欢的文章类型，但不管选哪一种，都要老老实实坐下来，一个字一个字地把文字敲出来；你想成功减肥，无论运动还是节食都不喜欢，但你有减肥的需求，这个欲望足够强烈，你就需要强迫自己去做。

　　这些过程都会比较痛苦，但又不可避免，所以我们才需要自律。如果一切都轻轻松松、舒舒服服的，就不需要保持自律了。不过，我们还是可以用一些小技巧，让原本 10 分的痛苦减轻到 5 分，让原本容易忽略、无法坚持的事情，能够不那么痛苦地坚持下去。比如说，绑定销售法。就像超市销售产品，有些产品特别畅销，根本不愁卖，但有些产品容易滞销，卖不出去就过期了。在这种情况下，商家会选择绑定销售法，把容易滞销的产品和畅销的产品绑定在一起。比如说，买洗洁精会绑定销售洗碗布，买方便面会绑定销售碗。绑定以后，消费者会觉得好划算，反而更容易购买。

我们可以把这种方法用在自律上。我是一个很讨厌痛苦的人，很不喜欢"苦苦坚持"这个词，一直在寻找轻松自律的方法，所以接下来我要分享的，都是我用过很多遍并且有效的绑定销售法，看起来不起眼，但真的特别好用。

1. 和喜欢的事情绑定

我喜欢追剧，当晚上写作营不讲课时，就会跑到书房，打开视频App，追《甄嬛传》《知否知否应是绿肥红瘦》，以及其他热播剧。追完剧正好写剧评，公众号的日更也解决了。在"汤小小"这个公众号上，我发过无数篇剧评，读者也喜欢。所以，不管是出于兴趣还是工作需要，追剧都是我最爱的娱乐方法。

但是我很讨厌运动，跑步、跳绳这些运动太剧烈，打羽毛球又受场地环境等各种限制，最后我选择了跳形体操。首先这个运动是非常适合我的，可以锻炼到我的肩颈和腰；其次还有一个很重要的原因是，可以一边运动一边追剧。追剧太快乐了，会让人忽略掉运动的累和不舒适。反正，我单纯在做运动的时候，每个动作都觉得挺累的，觉得自己在苦苦坚持，但一边追剧一边运动时，注意力被剧情吸引了，身体基本感受不到累了。所以跳形体操我很容易就坚持了下来，刚开始是靠和追剧绑定才坚持的。后来我觉得，早上的时间太宝贵了，用来追剧有点儿浪费，追剧放在疲倦的时候更好。于是，每天早上运动的时候，我开始背唐诗。背唐诗也是我喜欢的，作为一个全职写作者，我很早就想背唐诗，只是一直没有时间，现在正好把它和运动结合起来了。人的注意力沉浸在诗词的世界里，哪怕运动得大汗淋漓，也不怎么会感觉到累。

这种方法，我还用在了女儿身上。我女儿爱玩，好胜心还强，特别喜欢玩游戏，并且很享受赢的快感，经常缠着爸爸妈妈陪她玩游戏。一切玩的东西她都喜欢，但学习就不那么喜欢了。有段时间在家上网课，老师要求背一首唐诗，她背了两天都没有背会。不是记忆力不行，而是根本就不想背，每次让她背，她都不出声，在心里默默地念一遍了事。批评她吧，她还很委屈，说自己已经很努力在背了。

后来我就想到，干脆把背唐诗和游戏结合起来吧。吃午饭时，我跟女儿和她爸爸提议：我们来做个游戏吧，每人背一句诗，谁背不出来算谁输。对于诗的选择，当然是那首女儿一直没背会的。为了赢我们，她把语文书摊开，不时偷偷地瞄一眼，我们接龙的时候，她就默默地背诵，我们背错了，她总是第一时间指出来。结果一顿饭还没有吃完，女儿就把那首唐诗背得滚瓜烂熟了，而且全程笑得合不拢嘴，不像以前，一让她背书就哭丧着脸。她沉浸在做游戏的快乐里，只想着赢，不但不觉得背诗痛苦，还背得更用心了。

人在做自己喜欢的事情时，大脑会分泌多巴胺，多巴胺不但让人心情更愉悦，还有一定的止疼效果。所以，再不想做的事情，和喜欢的事情绑定，对痛苦的感知就会减弱。打个比方，做喜欢的事情，愉悦度是 10 分，做讨厌的事情是 -5 分，最后一算，还有 5 分，也就是从整体来看，你还是愉悦的。既然整体愉悦，那点儿痛苦当然就不算什么了，也能长长久久地做下去。

如果一件事情你并不喜欢但又必须得做，可以拿出一张纸，写下你不喜欢的事情，同时写下你喜欢的事情，看哪一件喜欢的事情可以和不喜欢的事情结合起来。

不喜欢的事	喜欢的事
运动	追剧
早起	写作
化妆	听音乐
社交	拍照
学英语	听书

2. 和固定事件绑定

我不喜欢在生活琐事上消耗精力，但有些事情还是得做，比如敷面膜。就算活得不那么精致，人总还是爱美的嘛，何况我经常需要出镜拍照或拍视频，皮肤状态如果不好，拍出来的效果也会是灾难。但是我真的不喜欢敷面膜，夏天嫌热冬天嫌冷，春秋觉得没力气，而且总觉得抽不出时间，也总是容易忘。有几年我基本上一个月也敷不了一次。这样下去肯定不行，敷面膜这件事，也必须加入自律清单里来！不得不说，人只要真正想做一件事，办法总比困难多。

虽然我总忘记敷面膜，但不会忘记洗头，两天必须洗一次头，不然头发贴在头皮上，完全没法见人。很多事情，我们不能坚持去做，是因为不做影响没那么大，或者说肉眼暂时看不到影响。但有些事情不做马上有影响，反而容易坚持。

后来我决定，每次洗完头后，一边吹头发一边敷面膜。吹头发是必做并且固定的事情，敷面膜和它绑定在一起就不会忘，也不会找各种借口不做。绑定以后，我真的坚持了下来，两天敷一次面膜，坚持了好几年，除了前面几天，其他时间并不觉得痛苦，反而哪天不敷会觉得白白浪费了时间。

很多事情都可以这样绑定。比如说，你想读书，但总觉得没时间或总是忘记，那就试试每次晚饭后读半个小时，或者洗漱完后读半个小时。晚饭是必吃的，不管几点吃，吃完饭读半个小时书就好了。洗漱也是每日必做的，洗漱完就拿起书本。和固定的事情绑定，不固定的事情也就因此固定了下来，因为这样会形成条件反射。关于条件反射，有一个大家很熟悉的词叫：望梅止渴。我们的大脑是有记忆的，吃酸味食物时会流口水，大脑记住了这些反应，下次看到或听到酸味食物时，就会不由自主地流口水。

把不那么想做或总是容易忘记的事情和固定的事情绑定，就是一个形成条件反射的过程，只要一做那件固定的事，就会想到那件不想做或容易忘记的事，这样就很轻易地把事情记住并坚持了下来，哪天不做反而觉得不习惯。

现在，可以拿出一张纸，把固定的事情写下来，然后想一想，自己需要做又不太想做或是容易忘记的事情，可以和哪一件绑定。

需要自律的事	固定的事
读书	吃饭
喝水	上班
运动	洗漱
写作	起床

三、自律需要循序渐进

学游泳时,老师不会一开始就教你很难的游泳姿势,而是先教你怎么憋气,然后教你手部动作,再教你腿部动作,最后才教你怎么游。学跳舞时,老师也不会一上来就教你跳完整的舞,而是先一个动作一个动作地教,每一个动作都学会了,最后才跳完整的舞。这就是循序渐进,从难度最小的事情开始,一步步拓展,最后轻松达成预定的目标。而本章开始提到的那些小场景,有些是同时要做的事情太多,有些是一开始难度就太大,没有一个循序渐进的过程,所以觉得很痛苦,也很难做成功。到底怎么才能循序渐进呢?从以下几个方面去做,你也会轻松变成自律高手。

1. 从作息规律开始

如果一篇文章都没有写过,却一上来就挑战日更 100 天,你不痛苦谁痛苦。可以先从简单的小事开始锻炼,比如先做到作息规律。不要觉得作息规律没有什么用,认为它不能帮你达成目标。你一定听过蝴蝶效应吧?一只南美洲亚马孙河流域热带雨林中的蝴蝶,偶尔扇动几下翅膀，可能在两周后引起美国得克萨斯的一场龙卷风。从简单的小事开始自律，一样可以产生蝴蝶效应。拿作息规律来说，做好了至少有 3 个好处。

一是精力更充沛。一个天天熬夜的人，哪有精力很自律地去做事情啊，就算强迫自己做了，效率也不会很高。

二是让你更有成就感，更有自信心。每一件微不足道的小事，做成了都能增强你的自信心，而自信心比任何激励都重要。

三是想变得更好，做得更多。潘多拉的魔盒一打开就很难关上，自律也是一样的，作息规律做到了，会觉得自己可以做得更好，继而更愿意在其他事情上自律。

很多人之所以挑战日更 100 天失败，是因为不但之前没有写过文章，甚至连作息规律都没有做到。所以，看起来要做的只有日更 100 天这一件事，实际上背后要做的功课特别多：

- 要做到早睡早起，有时间有精力写；
- 要有时间找选题；
- 要能顺畅地写完一篇文章；
- ……

一下子要做那么多事情，痛苦和失败都是意料之中的事。所以要学会循序渐进，先从作息规律开始，再一点点加码。早上起来不用安排很多任务，看看书做做饭，让自己适应以后，再增加新的内容，比如，作息规律以后，早起不再无所事事，而是绕小区跑 3 圈。

所有的自律，基本上都离不开作息规律。一旦作息不规律，你就会有一种失控感，也很难在其他事情上自律。所以，当你觉得自己不够自律，或者千头万绪不知道从哪儿自律时，就从作息规律开始。

2. 控制每天的工作量

对，你没有看错。自律不是每天尽可能多地做事，而是要懂得节制。

我全职写作 12 年，也尝试过一天写多篇文章，坚持几天觉得太痛苦了，不是写作本身痛苦，而是超负荷工作带来的身心俱疲，本来很热爱的事情都觉得爱不起来了。为什么会这样呢？我们通过浴缸模型就知道了。浴缸里面，一边是进水口，一边是出水口。进水口里有专业能力、热爱、精力，它们都能源源不断地提供水源。要保持浴缸里面一直有水，你可以愉快地泡澡，就需要进水比出水多。如果出水太多，浴缸就干了，想要保持平衡，进水口就需要拧得越来越大，超负荷工作。

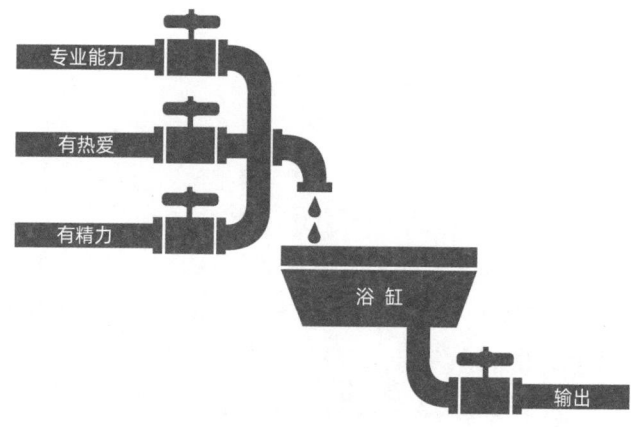

超负荷工作后，人会有几个应激反应。

一是厌倦，对这件事情不那么爱了，爱被消耗干了。

二是质量下降，因为专业能力和精力也被消耗干了，虽然做得多，但效果不行。

起反作用了，有没有发现？

这些年，我身边有很多做自媒体的朋友，有些人刚开始很有干劲，一天写5篇文章，把一周的量都准备好。但这些朋友喊累也喊得最多，很多人中途卖了账号，退出了自媒体江湖，也有人干脆不写原创，以转载为主了，觉得写不动了。

我全职写作12年，没有觉得累，也没有觉得厌倦，反而每次写完，都觉得自己被治愈了。很重要的一个原因，就是我很懂得保护自己的兴趣和精力，我宁愿每天都写1篇，也绝不一天写5篇，然后五天不写。

事情的结果，往往不看你一天干多少，而看你每天干多少。

不管是写文章、健身、读书还是做其他任何事情，都不要想着一天做很长时间出很多结果，要把它们控制在舒适的状态。当然，一开始你可能并不知道什么是合适的，有两个方法测试。

一是根据时间测试。半个小时、一个小时、一个半小时……看哪个时间既能有一个满意的结果，又不会觉得很累，就固定下来。

二是以结果为导向。写一篇文章、读30页书、绕小区跑3圈……也是通过测试，看哪个结果既是自己满意又不会觉得太累的，把它固定下来。

不管是按时间算还是按结果算，也都有一个循序渐进的过程，刚开始可能看半个小时书，或看 30 页就累了，随着你做得越来越熟练，后面增加到 40 分钟、40 页也不会觉得累。所以刚开始不要贪多，慢慢增加，循序渐进。

这种方法也可以用在孩子身上，想让孩子坚持读书，每天只读半个小时就好，别想着孩子愿意读，就赶紧多安排。保护孩子的兴趣，保证读书的质量，比读书时间更重要。

3．一次改变一点点

作为一个写作者，我超级不喜欢运动，但长期久坐，腰和肩颈都不太好，必须健身。捋了捋自己的时间，除了早起，其他时间好像都不太方便，也不够规律。

那就早起吧。但是，我迟疑了很久都没有做。正常来说，我平时每天 7 点半起床，如果要运动一个小时，就需要 6 点半起床，甚至更早一点儿。想想就觉得痛苦，我喜欢睡懒觉，真的不想早起，所以迟迟不愿意做。后来我决定，7 点起床吧，早起半个小时不是一件困难的事情，虽然半个小时有点儿短，但能坚持每天运动半个小时也差不多够了。就算不够，运动半个小时，总比一点儿也不运动好吧。于是我把闹钟调到 7 点，比平时早起半个小时而已，真的很容易做到。坚持了四五个月以后，忽然觉得 6 点半起床也不是什么困难的事，我已经有勇气去做了。人性的弱点，是喜欢做自己熟悉的事情。

如果要给心理划分区域，可以分为舒适区、缓冲区、恐慌区。在舒适区里，一切都是自己熟悉的，轻松自在，没有任何压力。如果离舒适区太远，到了恐慌区，人就会很不适应，会感到恐慌和痛苦，想要逃离。缓冲区介于舒适区和恐慌区之间，人会觉得有一定的挑战性，但也相对舒适，不至于感到恐慌。

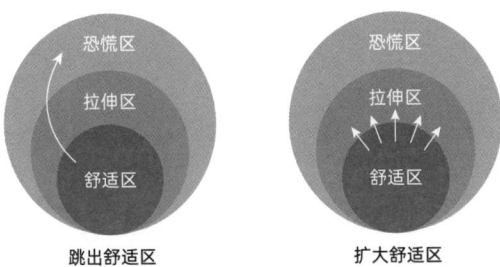

跳出舒适区　　　　扩大舒适区

我们要做的，就是从舒适区跳出来，往缓冲区走一步，这一小步不会让你觉得痛苦难受，但它又确实让你前进了一步。在缓冲区待久了，它会变成新的舒适区，这时候再往前走一小步，依然比较轻松，不会觉得痛苦。这样一步步走，就走到了恐慌区，但恐慌区已经变成了新的缓冲区，也就不会让你觉得恐慌了。这就是循序渐进的魅力，不和人性对抗，而是顺应它，哄着它，轻轻松松到达目的地。

有些人为了减肥而节食，如果一开始就戒掉主食，只吃很少量的蔬菜水果，会觉得非常饿，从而因为太饿而无法控制自己。短时间快速减掉了十几斤，但因为太痛苦，很容易快速反弹。不如每次改变一点点，先少吃主食，多吃蔬菜，然后再慢慢减量，一直减到完全不吃主食。这样一步步来，身体一步步接受了这种饮食方式，就不会觉得痛苦，也就不会因此失去自控力而反弹。一次改变一点点就好，不要小看这一点点改变，不积跬步，无以至千里。一点点小改变慢慢积累，最后就是翻天覆地的变化。

四、自律需要减少决策

一个普通得不能再普通的一天，6点闹钟响了，你会想：我是立即起床还是再赖两分钟？起床时你又会想：我今天穿什么衣服？衬衣还是裙子？昨天的内衣要不要再穿一天？终于选好了衣服，洗漱时又会想：今天用凉水还是热水？要不要洗快一点儿？防晒霜涂得够不够呀？准备吃饭了，依然会想：早上吃面包还是吃鸡蛋？要不要来杯牛奶？

平淡无奇的一天，没有任何事情发生，你居然已经做了那么多决策。做决策是一件很劳心劳力的事情，每天做那么多决策，怎么会不累呢？这也是为什么有时候明明什么都没有做，还觉得疲惫不堪的原因。

一个人感觉心累的时候，是很难自律的。自律本身就会消耗我们的心力，你都已经很累了，没有力气可以消耗了，当然也就容易放纵自己。即使勉强自己一定要自律，效果也会大打折扣，还搞得自己很累，对自律的那件事兴趣也会降低。所以，我们一定要学会保护自己的精力，尽量让自己少做决策，这样才有力气去自律，也才能达到更好的自律效果。

1．控制决策频率

有些名人的着装问题经常被媒体拿来讨论，比如扎克伯格，他几乎只穿灰色T恤，而乔布斯经常穿黑色高领上衣。理由是，这样就不用每天考虑穿什么，可以更专心地做重要的事情。这就是典型的控制决策频率。既然做决策会消耗心力，人生中需要做决策的事情有那么多，有些事情还必不可少，那就想办法减少做决策的次数，改成傻瓜式操作。

比如说每天的早餐到底吃什么，这是一个很小但又让人纠结的事情，与其每天为这件事做决策，不如抽一点儿时间，写下一周的早餐清单。这样每天早上照着吃就行了，再也不用想东想西了，多简单省心。又比如说，周末到底是继续工作还是彻底休息？正常情况下，可能工作多或焦虑了，你就会选择继续工作，工作不多或比较有安全感的时候，就会选择彻底休息。但这样就会频繁地做决策，如果想减少做决策的次数，就给自己定个规矩，比如有重要且紧急的事情时加班，其他时间彻底休息。也就是说，想要减少决策次数，我们有两种方式。

一种是列清单。

像早餐吃什么，出门穿什么衣服，到菜市场买什么菜，上班后是先回消息还是先做报表，出差要带什么东西……这种做得多、选择也多的事情，很容易让我们花大量精力去做决策。这个时候，不如列个清单来解决它。我以前每次出差时,总担心某样东西忘记带,因此每次都检查来检查去的,不但消耗大量时间,还弄得自己特别累,像头绳这样的小东西也特别容易漏掉,结果一到酒店,洗澡的时候发现头发没办法束起来。后来我在手机备忘录上列了个清单,一下子觉得轻松多了,照着清单上的东西准备,再检查一遍就可以了,关键是再也没有漏掉小物件。

我自己工作忙的时候,也会提前列工作清单,把一天要做的事情全都记下来,一件件去做。不列清单时,会觉得手忙脚乱,总会纠结先做哪件后做哪件,而且经常做了这件忘了那件,脑子里还会想着"哎呀,我还漏掉了什么吗",真的心累。而列了清单,只要照着做就好,决策次数大大减少。下面是我某一天的工作清单。

时间	事件
8:30—9:00	写成长营分享
9:00—10:00	一篇公众号文章
10:00—10:30	发朋友圈并回复微信消息
11:00—12:00	写视频文案
12:00—14:00	午饭和午休时间
14:30—15:00	发朋友圈回复微信消息
15:00—17:00	写4000字书稿
20:00—21:00	写作班讲课或答疑

另一种是定规矩。

像周末是加班还是休息，要不要多出去社交，晚饭后是陪孩子还是读书，要不要写读书笔记……这种虽然决策频率低但难选择的事情，可以给自己定规矩。在我老家有一位老医生，自己在家开诊所，找他看病的人特别多。但该医生年龄大了，也希望有自己的休息时间。可因为诊所就开在家里，病人任何时候去都能找到他，这也意味着他根本没有休息时间。该医生给自己定了个规矩，晚上 6 点以后不接诊，并在门口张贴了这个规定，如果有病人破例去找他，只要不是人命关天的病，他都会告诉对方明天再来，晚上他不接诊。

除了和人打交道的事情，需要自己单独完成的事，同样可以定规矩。比如看完书要不要写读书笔记，这是很私人的事情。你可以给自己定个规矩：小说类不写笔记，干货和思维类的写笔记。这样下次照着这个规矩做就好，不用纠结了。

当然，不管是清单还是规矩，并不是制定了就需要一直执行下去的。人毕竟是在不断变化的，如果你觉得它已经不适合现在的你了，那么可以根据需要及时更新。

2. 控制决策事件

有读者给我留言：小小老师，我现在在学习写影评，想把影评写好，同时我也在学习写游记，因为我想以后出去旅行，肯定是要写游记的，而且最好还要会拍视频、剪辑视频，所以我也想学剪辑视频。我还想学理财，我怕不赶紧理财，就会错过资产增值的机会。时间完全不够用，觉得好累，你有什么让人轻松的好方法吗？

我给她的回复是：先写影评，等你把影评写好了，以后写游记也没有问题，等你真去旅行了再学剪辑视频。挣钱的事情学会了再去学理财，什么时候都不会错过的。

这位读者的问题，就是要自律的事情太多，多到眼花缭乱，就像把自己放进了沸水里，当然会痛苦会焦虑。

人有无数想做的事情，这都没关系，但一个时间段内，最好只做一件，把大部分时间和精力放在这一件事情上，既不会觉得太累，又更容易出效果。

我给自己的计划，就是每个月只做一件新事情，一年能做两三件就很好了。但是这样慢慢叠加，最后就做成了很多事。比如说，我开始只是每天写一篇文章，只做这一件事，虽然不轻松，但毕竟只有一件，就坚持下来了。半年后，我对写作得心应手了，刚开始每天要花3个小时，现在只用花1个小时。这个时候，我再增加新的事情，比如运营账号。刚开始不熟悉，要学习要摸索，每天至少花3个小时，再加上写作的1个小时，需要4个小时的时间，比单独写作要累一点儿，但只是多1个小时而已，也能接受。半年后，我有运营经验了，每天花1个小时就够了，加上写作，也不过每天2个小时，又变得很轻松。这时我再增加一件事情，比如每天在群里写1000字的分享。就这样一点点增加，到现在我做的事情已经是之前的几倍了，但并不觉得不能接受，基本上每天工作3个小时就可以完成。

这就是减少决策事件带来的好处。一个阶段只做一件事，只为这一件事忙碌，为这一件事做各种决策。等这件事做得非常熟练了，基本上不需要做决策就能做好，它就不会再消耗我们的心力了。这时候，再增加一件新的事情。同样有5件事，假如每件事每天需要做5次决策。若每月只做一件事，分5个月来做，那么每天只需要做5次决策。可同时做5件事，每天就需要做25次决策，消耗25次时间和心力，怎么会不焦虑呢？何况这只是理想状态，更多的时候是，你还得天天纠结：我到底先做哪一件？我需要在哪一件事情上花费更多的时间？

  我们大多数人，都没有办法多线作战，那就简单一点儿，选择单线作战。只有新的有挑战的事情，才会消耗一个人大量的时间和心力，需要人极度自律地去完成。当这件事情成为习惯后，就不需要自律了。在不断增加新事情的情况下，我还把写作这件事坚持了12年，就是因为除了刚开始它消耗我的时间和心力，需要我极度自律，后来已经成为一种习惯，根本不需要自律就能完成。不要觉得一件件来完成太慢，很多时候，慢就是快，少即是多。

五、自律需要正向激励

经常有人问我：小小老师，我很想自律，可一直看不到成绩，慢慢就坚持不下去了，怎么办？

成绩，其实就是对人的一种激励。假如你学习写作，一个月就能写稿拿稿费，每一篇文章都能赚到钱，你肯定会愿意自律的，因为稿费就是好的激励方式。可惜的是，大多数事情不会那么快看到结果，需要一个人走过漫长又看不到曙光的隧道。很多人慢慢开始怀疑自己是不是走错了方向，怀疑自己是不是太笨，甚至怀疑这条路只是死胡同，永远也走不到头。

当你开始怀疑的时候，心气儿就会散，不想继续向前走了，想就地"躺平"。这条路也因此变得更加漫长，更加看不到希望。很多人之所以不能坚持做一件事，就是因为缺少正向激励，做着做着就觉得没有动力坚持了，最后不了了之。

所以，想要更轻松地自律，就要想办法给自己正向激励。正向激励可以让人保持愉快的心情，充分调动人的积极性。心情好了，积极性高了，做事情自然事半功倍。

这些事情你一定都遇到过：

如果领导肯定你的工作，把你夸得像朵花似的，哪怕暂时不能升职加薪，你也会对这份工作充满希望，每天都干劲十足。但如果领导天天挑你的毛病，说你这不行那不行，你就不愿意好好干，甚至连上班都觉得痛苦。

朋友夸你情商高，会处理事情，哪怕是你的缺点，他也觉得很可爱。是不是和他在一起你会觉得很轻松很愉快？但如果朋友天天说你这不好那不好，把你贬得一无是处，你是不是想离他远远的？

领导也好，朋友也罢，他们夸你，其实就是一种正向激励。有了这种激励，你会觉得很轻松，再难的事情也有信心搞定。但如果大家都批评你，哪怕你本来信心满满的，慢慢地也就变得极不自信了，别说遇到困难了，稀松平常的小事你都会觉得自己做不好。

当然，成年人不能只靠别人的激励活着，得学会自己给自己激励。而现实生活里，很多人都是自己的差评师，天天怀疑自己，担心自己这做不好那做不好。

从现在开始，学会给自己正向激励，你对自己的每一点正向激励，都像自律路上的糖，一边走一边吃着糖，才不会觉得路程既遥远又无聊。

1．多说积极的话

正向激励的第一步，就是多说积极的话。不要觉得语言很虚，事实上，语言决定行动，行动决定性格，性格决定命运。比如，你经常对自己说：我一定能坚持下去，多大点儿事啊，别想东想西！这样的话都说出口了，你在行动上就会更容易坚持，遇到问题不会轻易退缩，也不会太害怕。行动多了，慢慢就形成了这种不放弃不退缩的性格。一个不放弃不退缩的人，自然会有与之相匹配的命运。

语言也是最简单最好操作的，所以，就从语言开始。不要抱怨，不要给自己差评，不要各种怀疑自己，而是多跟自己说：我可以！这不是多大的事！

曾经有一段时间，我天天跟自己说：我太累了，我不想干了。哪怕每天没干多少事，也觉得真的好累，不是身体累，而是心累。后来我意识到这样不对，就不停地跟自己说：其实我做的事情很轻松，也是很多人羡慕的，工作是一种享受。说多了以后，那种不想努力总想放弃的状态，慢慢就消失不见了。自从这件事情以后，每次觉得累的时候，我都会给自己说积极的话，因为我很清楚，只要心情好了，一切都会好起来。

有个词叫"甘之如饴"，说的就是这种心态。再痛苦的事情，只要心里高兴，就会觉得像吃了糖一样甜。反之，再美好的事情，自己心里不愿意，总是排斥，就会觉得处处难受。在说积极的话时，我们注意以下这些细节。

一是多用肯定语气少用否定语气。

比如：我不会坚持不下去的！

这是一个双重否定句，内心更容易接收到的信号是：坚持不下去！

把它改成肯定句：我一定会坚持下去的！我一定能搞定这些麻烦！

这样你内心接收的，才是更积极的信号。

看上去有点儿不可思议，这不像喊口号吗？但人有时候，还真的需要给自己喊喊口号，有些口号，喊着喊着就成真了。你天天想着自己干不成，就是在暗示自己不行，内心接收到这个信号，各方面都不行给你看。所以，在任何情况下，多给自己积极的暗示，远离那些天天打击你说你坏话的朋友，多接收正能量。

二是针对自己而非他人。

我们很难改变其他人，如果你想让其他人围着你转，无异于痴人说梦，大概率会失望。所以暗示的时候，多围绕自己，少想他人。比如说：他一定会偷懒的，这样我就能赢。这就是试图改变别人，基本上没什么用，还会让你变得诚惶诚恐。

你应该说：我一定会赢。

这个关注点在你自己身上，只有关注点在自己身上才有用。

三是动态而非静态。

比如：我现在非常厉害！这是静态。

我会越来越厉害！这是动态。

为什么要多用动态少用静态呢？因为静态有点儿自欺欺人的味道，你说你现在很厉害，可是你明明就不厉害啊，这不是睁眼说瞎话吗？但说自己以后会越来越厉害，这个可信度就高了，谁还不是越变越好呀。而且，中间有缓冲的时间，可以好好努力使自己变得更好。

2．多想好的一面

如果有人告诉你，今天只要早起出门，就能遇到好事，你是不是马上就从床上跳起来了？但如果有人告诉你，今天出门会遇到讨厌的人，你肯定磨磨蹭蹭不想起。起床之前畅想一下，今天早点儿出门不堵车，说不定还能遇到奇特的事，总之今天会是快乐的一天。这么想，起床这件事就不那么痛苦了。

不想学习的时候，畅想一下，我肯定能考过的，也许还能考个高分，然后还能写个分享，说不定还能火。这么一想，就更愿意把学习这件事做下去了。

每当你觉得自律很痛苦很艰难的时候，就多想好的方面。比如说，写作虽然还没有成功，但你在这个过程中变得更加善于思考了，每次写完都很有成就感，身边的人都夸你写得好。

生活中，很多人遇到感情问题时，想到对方好的一面，会觉得心里很温暖，这段感情还能持续下去；想到对方坏的一面，就会觉得委屈难过，恨不得马上分手，再也不要和对方在一起了。想好的一面，和想坏的一面，差别就是这么大。

心理学上有个词，叫麦克斯韦尔定律，意思是说：善于从生活中发现积极的一面，世界将无比美好，处处是机遇；总是从生活中发现消极的一面，眼中的世界全是缺陷和丑恶。

你看到什么就会得到什么，所以你要多看好的事情，多想好的事情，不要做一个悲观者，而要做一个乐观的人。

3. 给自己物质奖励

网上经常有这样的段子：给我 100 万元，让我干什么都行！给我 100 万元，我每周末都加班！给我 100 万元，我愿意每天早上起来读书！

物质奖励就是这么快速、这么有效，让人无法拒绝。

马斯洛需求层次理论把人的需求分为五个部分，生理需要、安全需要、社会需要、尊重需要、自我实现。前面两个是物质性价值需求，后面三个是精神性价值需求。

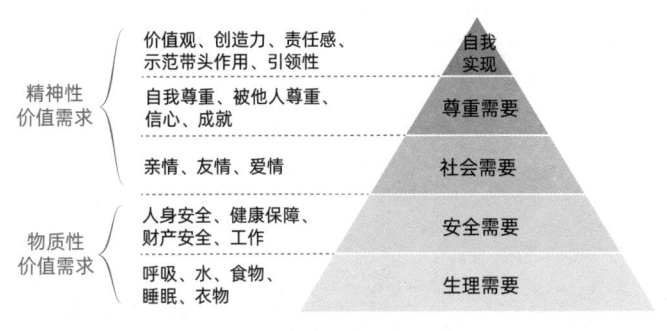

```
精神性        价值观、创造力、责任感、      自我
价值需求      示范带头作用、引领性        实现
              自我尊重、被他人尊重、     尊重需要
              信心、成就
              亲情、友情、爱情          社会需要
物质性        人身安全、健康保障、       安全需要
价值需求      财产安全、工作
              呼吸、水、食物、          生理需要
              睡眠、衣物
```

马斯洛需求理论

物质的刺激是直接有效的,跟精神比起来,它看得见摸得着。很多人赚到稿费更愿意长期写下去,其实就是物质的激励起了作用。只不过,大多数事情没有那么快获得外界的物质奖励,这个漫长的空白期,会让很多人感到绝望。

但其实,我们还可以自己给自己奖励。比如说,连续自律了半个月,可以犒劳一下自己,吃一顿美食,或者买个小礼物送给自己。取得了一点儿小成绩,同样犒劳一下自己,把购物车里很想要的那件衣服买下来,或者出去旅行一趟。这不会额外花太多钱,反正有些饭总是要吃的,有些东西总是要买的。就像我们给孩子许诺,考试得了 100 分带他出去吃好吃的。就算他暂时没有得到 100 分,也还是要找其他理由带他出去吃好吃的。

总之,任何一点儿小成绩,都大肆庆祝,最好让全家人都知道,全家人都来给你鼓劲。这样你的内心会充满成就感,会觉得你做的事情意义重大,当然做起来更愉快,也更能坚持。不要觉得太小题大做了,激励自己这件事,怎么大做都不为过,因为得到激励的背后,是你自信心的增强,以及对未来的笃定。

自律的路程太长了,需要不断为自己加油打气,这样才不会太疲惫,也不会因为路程太长看不到希望而心灰意冷。

"

第 2 章

为什么你的自律那么低效

> 努力想得到什么东西，其实只要沉着镇静、实事求是，就可以轻易地、神不知鬼不觉地达到目的。
>
> ——卡夫卡

努力想得到什么东西，通过自律，一定可以得到。如果在奔向目标的路上可以高效一点儿，那就更完美了。但是很多人恰恰相反，一直在自律，却非常低效，弄得自己都怀疑人生了。看看下面这些情形你有没有。

1. 一本书读了好几个月依然没有读完，而且一放下书，就把内容忘得一干二净，更别提运用了，感觉自己看了本"假"书，时间花了，但什么都没有学到。

2. 下定决心考证，面对一大堆教科书和视频，怎么都无法静下心来，脑子里总是想其他的事情，书翻完了，视频也看了，但完全不记得里面讲了什么。在这件事上花费了大量的时间和精力，却收效甚微。

3. 工作之余想做一项副业，可是工作很多，家务也要做，整个人焦头烂额的，每天都活在焦虑里，筋疲力尽。尝试了半年，还是什么都没有做成。

4. 想要坚持减肥，减了一段时间又放弃了，导致前功尽弃，苦和累都受了，结果还在原地踏步。

如果以上这些情形你有其中之一，不好意思，你在低效自律。所谓低效自律，就是你在行动上自律了，该早起早起，该花时间花时间，该花精力花精力，付出了很多，结果没什么收获，等于白自律了。这个时候，你会忍不住各种怀疑，怀疑自己能力太差、自律得不够，怀疑自律的那件事情根本就没有用。比如说，有人写作一直没有进步，就会怀疑写作的可行性，觉得它需要靠天赋，普通人根本不可能靠它来赚钱。还觉得自己人间清醒，看透了一切，甚至到处宣扬这个负面观点，让其他还没有开始写作的人也产生怀疑。

很多时候，不是事情不行，而是你的方法不行。同样是零基础学写作，为什么别人可以靠写作来赚钱而你不行？同样每年都在读书，为什么别人读完了对工作和生活都有帮助，你却什么都记不住？同样考证，为什么你屡次考不过，考过了也用不上，而别人却逢考必过，并且最终让这些证书为自己服务？

这些事实可能会让你很崩溃，却也是成长的契机。只有当我们意识到问题，才能解决问题。

我们知道自律不是目的，用自律来完成目标才是。低效的自律就是自我感动，看上去好像对自己有交代，天天都在忙，可目标没有达成，忙得毫无意义。不要用战术上的勤奋来掩饰战略上的懒惰。当陷入低效自律的怪圈时，我们就要及时停下来，想想哪里出了问题，哪里需要改进，以及怎么改进。

我自己每天要自律的事情很多，但重要的事情3个小时可以完成，还有时间每年新增几件事情，算得上高效自律。

本章我会结合自身经历，分享高效自律的实用方法。当你学会了高效自律之后会发现，自律是一件很爽的事情，同样的付出，可以有合理甚至超额的回报。

一、提升专注力，让自律更轻松

如果你家里有孩子，孩子的这些行为一定让你深恶痛绝：

专心写作业一分钟，发呆十分钟；刚写了一个字，要么喝水要么上厕所；手里拿着书，眼睛东张西望，一会儿拿起桌上的洋娃娃，一会儿玩橡皮；上网课的时候，全是小动作……

是不是恨铁不成钢，还经常忍不住吼：你就不能专心一点儿吗？

其实很多成年人也没好到哪儿去，虽然手里拿着书，看着看着不知道看到哪一页；虽然坐下来写文章，写着写着就开始发呆了，或者写着写着想查个资料，结果一查半天时间过去了。

如果不专注，你会发现，时间花了，书没看几页，文章也没写完，关键是人还觉得很痛苦。所以，高效的第一步，是学会专注。心理学上有个概念叫"心流"，当一个人专心做一件事情时，就会进入心流状态。进入这个状态后，不愿意被别人打扰，也不愿意事情中断，而且人会有高度的兴奋感和充实感，那些焦虑不安感全都消失不见了。

其实每个人都多多少少进入过心流状态,比如你专心做一件事时,别人喊你吃最喜欢的美食你都毫无兴趣,甚至觉得很烦,只希望他不要再喊了,让你可以不被打扰地把事情做完。我们要做的,就是让自己更多地进入心流状态,尽量减少做事过程中的三心二意。

1. 做好硬件准备

某天我准备看一本书,但是书房被孩子占了,我就走到卧室,坐在床上看。结果书翻完了,记住的东西却寥寥无几。中途遇到一些知识点想要做记录,发现身边没纸没笔,也不想出去拿了,只能作罢。而且,有好几次我居然差点儿睡着了。

这些事情经历得多了,我意识到硬件准备很重要。如果我在书房看书,并且准备好了纸和笔,哪怕只是匆匆忙忙看 10 页书,也能记得很清楚。但如果我躺在沙发上、坐在床上,哪怕一口气把一本书看完,收获也有限。

很多时候,一些小细节就能影响专注力,所以在做一件事情之前,把硬件都提前准备好。硬件包括以下这些方面。

环境。

一定要选择适合自律的环境,比如书房和办公室就是适合自律的环境,因为在这些地方,你不会想着打瞌睡,不会想着要好好休息,它们给你的心理暗示是:这是学习和工作的地方。但进到卧室里,心理暗示则是:这是休息的地方,我要休息了。

我们知道心理暗示是非常强大的,所以你会发现,如果坐在卧室学习，很难专心，常常莫名其妙就觉得困了。安静的环境也比嘈杂的环境更容易专注。一个人独处的时候，想说话都找不到人，更容易进入专注状态。如果家里宾朋满座，就很难进入专注状态，任何杂音都可能吸引你的注意力。除此之外，眼睛可以看到的杂物太多，也会影响专注。比如说，书桌上堆放了很多东西，旁边还有没洗的衣服，你可能一边学习一边忍不住摸书桌上的东西，还会不由自主地想：这些脏衣服太讨厌了，都没人主动洗一下吗？

因此，想要专注，就要选安静的、适合学习的环境，尽量把杂物收拾干净。每次我家孩子用过我的书桌后，上面堆满了杂物，我都会崩溃，根本没有办法学习。只有把它们收拾干净了，才能平复心情。

坐姿。

坐姿也会影响一个人的专注度，窝在舒服的沙发上，整个人既舒适又放松，就很难专注，反而会忍不住闭上眼睛。如果坐在书桌前，并且坐姿端正，注意力则更容易集中。如果你本身就是一个很难专注的人，建议学习时不要坐在沙发上，不要买任何让你觉得舒适的东西，挑一把硬一点儿的椅子，坐得端正一点儿，尽量像上课时的坐姿，这样会快速进入学习状态。我如果坐在床上写文章，虽然人舒服了，但效率就会很低，只要是写文章，我一定会端坐在书桌前。

学习用具。

根据个人习惯准备好学习用具，比如说，你读书时习惯记笔记，那就提前把本子和笔准备好；你喜欢在书上画各种颜色，那就把各种颜色的笔准备好。这些工具会暗示你：现在开始学习了！

学习用具准备好以后，随时可以拿出来用。如果看到一句话想记下来，手边却没有工具，但你不想动，又觉得很懊恼，这样就分了一次心，而且要做的记录没有做，下次还要补起来。要么你立即起身去拿用具，这同样是分了一次心。每分一次心，都要用很长的时间重新进入心流状态。

　　除了学习用具，有些需要用到的资料也要提前准备好。比如说，你写文章会用到名人名言和网络上的素材，那把它们提前准备好，记在容易看到的地方，而不是写到一半需要用素材时临时去找，因为临时找素材，容易被网络上五花八门的消息弄得眼花缭乱，很难收心了。

　　除了学习用具，所有学习过程中可能会用到的东西，最好都提前准备好，比如你看书时需要喝水，提前把水准备好。总之，就是万事俱备，只待学习，这样想不专注都不容易找到借口。

　　切断干扰源。

　　试想一下，你正专心地看一本书，忽然接到一个电话，虽然只聊了两分钟，但聊完以后，你差点儿忘了自己读到哪里了。花一分钟时间接上了，可好久都无法进入心流状态。有研究指出，人被干扰一次，需要 25 分钟才能重新进入状态。这是多么浪费时间又多么低效的事情。想要保持专注，就要尽可能地避免被打扰。比如，我自己写作的时候，除了打开 Word 文档，不会打开任何一个浏览器，同时把手机放在另一个房间，调成静音模式，就算有人发消息或打电话，也无法打扰到我。而且，写作之前，我会提前跟家人说，让他们说话走路都轻一点儿，也会关上书房的门。即使我女儿一岁多最调皮不懂事的时候,也知道妈妈关上书房的门就是不能轻易打扰的。

自从不被打扰,我只要40分钟就可以写完一篇2000字的文章。

2. 找到黄金时间点

你有没有这样的体验:早上读书时精力特别好,记得也特别清楚,晚上则完全读不进去,一拿起书就昏昏欲睡。晚上刷题特别起劲儿,经常刷到忘记时间,早上则完全不想刷。同样做一件事,不同的时间段做,效率完全不一样,因为每个人的黄金时间点都不一样。有些人早上容易专注,晚上没精力,有些人则正好相反,是典型的夜猫子,早上没精力不想学习。

所以,不要看别人早起自己就早起,也不要看别人晚睡自己就晚睡,而是要找到你自己的黄金时间点,重要的、需要专注才能做好的事情,就放在这个黄金时间点去做。以我自己为例,写作对我来说是很重要又需要专注的事情,黄金时间点就用来写作。如果有其他学习任务,比如要参加某个考试,必须专注地看书,那就再找一个黄金时间点。在找黄金时间点时,可以参考以下几个角度。

个人精力。

首先要保证,这个时间点你的个人精力很充足。一般来说,经过一晚的休息,上午的精力充足,大脑清醒,适合用来学习或做重要的事,这也是大多数人早起的原因。当然,也有一部分人就是晚上精力更好。

怎么判断自己哪个时间段的精力充足呢?可以把不同的时间段

都试一试，自己觉得哪个时间段学习比较舒服，效果也好，就选择那个时间段。比如说，我最开始写作的时候，时间并不固定，尝试过早上6点起床写作，也试过8点开始写，还试过中午12点写，有时候灵感来了，晚上9点也会忍不住动笔写。在这个过程中，我慢慢发现上午写作效果最好：一是自己写起来比较舒服，二是写得更快，三是写出来的文章自己也比较满意。中午和晚上则常常觉得脑子不太够用，也能写，但感觉不那么舒服。

后来我就把写作放在上午，没有特殊情况的话，中午和晚上灵感来了也不写，先记在本子上，第二天上午再写。如果你觉得一天中任何时候自己的精力都不好，那可能是你睡得太晚了，或者是在逃避学习。试试早点儿休息，别再熬夜。

环境因素。

除了个人精力，环境因素也很重要。比如说，早上6点你的精力很好，但这个时间点孩子要起床上学，你要为他准备早餐，要应对他的各种问题，还要送他去学校。精力再好，也完全没办法安静地做一点儿事情。所以很多人会选择再早一点儿起床，家人和孩子都没还醒，家里很安静，没有任何人打扰，可以安心地写一篇文章。或者晚上早点儿把孩子哄睡，然后把自己关在房间里，快速写一篇文章出来。也有人趁中午同事都午休了，自己不休息，看看书或写写文章。

哪怕这些时间段没那么优质，但对于自己来说，也只有这些时间可以不被打扰，并且相对完整，它也是一个不错的选择。毕竟很多时候，我们要一边兼顾生活一边努力成长，并没有太多的选择。

我曾经有两年的时间，都是用个人精力最差的时间段来写作的。我有午睡的习惯，中午对我来说就是精力最差的时间段，除了睡觉什么都不想做。但那时我们家生意很忙，从早到晚都闹哄哄的，根本不能安心坐下来，只有中午这段时间是属于我自己的。我利用中午的两个小时，写了很多文章，还赚了不少稿费。后来全职写作，时间上相对自由了，才改为上午 8 点到 9 点写作的。

找到你的黄金时间点，专注就会变得更容易。

3．越规律越专注

我们都知道，一个人生活越规律，身体就越健康。其实，一个人工作越规律，也就越容易专注。规律意味着你不会因为放纵而造成精力不济，精力好当然更容易专注。同时，规律地做事，时间长了会形成条件反射，一到那个时间点和那个环境里面，你就不由自主地想认真工作或好好学习。

很多人觉得自律很痛苦，很难专心，大多是因为没有形成规律，以下这些情形，看看你有没有。

- 一个月不跑步，某天忽然想起来要锻炼，疯狂地跑了一个小时，累得汗流浃背，腿痛了一周，接下来一个月再也不跑了，某天想起来，再疯狂地跑一个小时。
- 时间多、心情好的时候就拼命地写文章，一周写十篇；时间少、心情不好的时候就偷工减料，一周只写一篇，甚至干脆一篇都不写。
- 计划一年看五十本书，前半年一本没看，后半年眼看计划完不成了，赶紧一个月看十本，结果看了两个月就受不了了。

以上这些，都是典型的间歇性努力，时而努力到让人感动，时而又懈怠到让自己讨厌。这些行为，除了让你更痛苦，无法得到你想要的结果，也让你难以专注。因为不规律的自律很痛苦，一个人太痛苦是没有办法专注的。同时，做事情不规律也不容易形成条件反射，等于每一次都要强迫自己进入状态，还常常会觉得自己有退路，会忍不住想：今天做不了明天多做一点儿嘛。然后就是明日复明日，明日何其多。

自律达人曾国藩一生都极爱读书，临终前一日，依然手不释卷。他给自己定下了十二条规矩，其中有两条是这样的：

- 念二十三史，每日圈点十页，虽有事不间断。
- 饭后写字半时。

这两条规矩，都是把读书这个行为规律化，每天都读十页书，有事也不间断，每天饭后写半个小时字，这就是规律。想要更专注更轻松，就要学会规律化。如生活规律，按时起床按时吃饭，不要某天晚上10点睡，某天熬夜到凌晨1点。生活规律做事就容易规律，就算因为特殊原因无法规律生活，也要保证重要的事情规律化。规律有两个标准。

一是时间规律。比如每天早上写文章，晚上读书。或者每天读一个小时的书，写一个小时的文章。这都是时间上的规律。

二是任务规律。比如每天写一篇文章、读十页书、跳跳绳，这是任务规律。当然，不一定是每天做才叫规律，也可以两天写一篇文章、两天读十页书、一周运动三次。

规律学习、规律工作，人会很快进入专注状态，也会更轻松。

4．训练大脑，提升专注力

我们的大脑是可以通过训练，一步步提升专注力的。有一段时间，我特别羡慕那些网文"大神"一个小时写 10 000 字，简直太高效了。如果有这样的速度，写作将是一件多么愉快的事情啊。一位"大神"教给了我一种方法，他说："你以最快的速度写，中间不要有任何停顿，不要用回车键，就像百米冲刺一样，只管往前冲。"

我尝试了他说的这种方法，第一天，一个小时写了 3000 字，正常情况下我可以写 2000 字。但是，这样写出来的文稿错别字多，情节也不是很满意。他说："没关系，哪怕你用更多的时间修改，但你会养成高效的习惯。"第二天，一个小时写了 4000 字。刚开始不太舒服，真有百米冲刺的感觉，为了让自己不停顿，根本就不敢分心，只要稍微分一下心肯定就停顿了。而随着锻炼次数的增加，错别字越来越少，情节也越来越好。甚至，因为不分心，整个过程处于心流状态，文字更流畅，更有奇思妙想。

这种方法其实和番茄钟很像，可以借助番茄钟，也可以给自己规定一个时间，在这个时间内，不要有任何停顿，不要分心，要比平时完成更多的任务量。锻炼一段时间，你的专注力就会越来越好。

我也把这种方法对女儿用过，她写作业总是磨蹭，实际上就是无法专心，一会儿想着出去玩，一会儿盯着自己的橡皮，明明半个小时可以做完的作业，她能拖两个小时都完不成。后来我就利用她的好胜心，把作业分成几份，跟她说："我们试试 15 分钟把这张卷子做完！"一般情况下，她会用 10 分钟做完。这时我就拼命地夸她，把她夸成一朵花。这样她更有动力了，下一份作业做得更专心。

当然，在使用这种方法的过程中，偶尔会有失败，比如她就是状态不好，或者不想接受挑战，或者作业太难了。但大多数时候都是成功的，成功了就夸她，而且因为做作业缩短了时间，可以到小区和小朋友玩了，对孩子来说，这就是最好的激励。经过一次又一次的锻炼，大概半年的时间，我女儿做作业磨蹭的毛病改了很多，除了极少数时间磨蹭，大多数时候都能快速完成。

　　想要锻炼大脑，就要适当给它一点儿挑战，这样它才能更兴奋更清醒。就像玩通关游戏，为了通关，你一定会非常专注，而且也不会觉得枯燥，甚至总想挑战极限。我们可以把其他事情设置成通关游戏的模式，某个时间段内完成某项任务就算通关成功，成功以后，给自己一些奖励，也可以发朋友圈炫耀，这样你的行为会得到强化，下次更容易专注。

　　平时多做一些类似的训练，你会变得越来越专注，也越来越高效。需要注意的是，连续锻炼的时间不要太长，成人一个小时左右，孩子半个小时左右，人的专注力有限，时间太长效果就会下降。

二、提升学习力，让自律更高效

孔子说：吾尝终日不食，终夜不寝，以思，无益，不如学也。

整部《论语》里，关于学习的内容最多，在孔子看来，"三人行，必有我师焉""学而不思则罔，思而不学则殆"，反正多学习就对了。现代社会也一样，想要不被淘汰，就要做一个终生学习者。很多人都意识到了学习的重要性，买了很多书，报了很多课，给自己制订了严苛的学习计划，希望通过学习快速成长。可惜，有些人买了书就当学了，收藏了课程就当会了。有些人虽然不停地在学，却学过就忘，也完全不知道怎么用，弄得自己又累又焦虑。

这样的学习，都是无效或低效的，长期这样下去，对成长帮助很小，也让自律变得毫无意义。学习要讲究方法，蛮干是没有用的。

1. 找出问题再学习

成年人要工作，要照顾家庭，要社交，忙得不可开交，好不容易闲下来，更想玩游戏或刷短视频，根本不想学习，就算想学，也很难学得进去。所以我一直觉得，成年人在学习上眼光可以放近一点儿,找到自己最近遇到的问题,带着这些问题去学习,效率会更高。

试想一下,什么情况下你学习的欲望最强?是不是遇到问题的时候?比如说,你觉得自己太容易纠结了,想果断一点儿,就会到处寻找变果断的方法,甚至到处找博主去问;你觉得自己太不会沟通了,本来想跟领导谈加薪,却释放了错误的信号;你做自媒体,辛辛苦苦写出来的内容,读者根本不喜欢……只有这种时候,你才会觉得自己有学习的需要,并且学得进去。

我给自己定了个规矩,凡是那些觉得自己文章写得很好的人,哪怕他的文章有一大堆问题,我也不会轻易指出来。我很清楚,他不会听的,因为他不觉得自己有问题。相反,那些知道自己文章有问题的人,但凡点拨一句,人家马上就听进去并且改了。为什么带着问题学习,效果会好呢?

一是目标明确。比如你发现自己不会沟通,那就需要看关于沟通方面的书,听关于沟通方面的课。目标很明确,自然更容易出效果。还可以再细一点儿,在具体的沟通中,你是哪一方面沟通不好?如果是不会说服别人,那就学习怎么说服别人。目标明确了,等于学的知识更精准了,当然效果也更好。广撒网不如聚焦一点,要相信聚焦的力量。

二是学习的欲望更强烈。越是有需要马上要解决的问题,越是能调动人的积极性,人的积极性一高,学习效率就高了。

三是能及时给反馈。比如说,你不知道怎么说服别人,学了怎么说服别人的方法以后,用学到的方法去说服别人,居然成功了。或者,你不知道怎么写爆款文章,学了写爆款文章的方法以后,马上可以写出爆款文章了。这就是最及时、最好的反馈,反馈也是一种激励,会让你更喜欢学习。

所以,在时间和精力不够用的情况下,先从解决问题的角度去学习,没有实际的问题可解决了,再去学其他的。这也要求我们,要经常梳理自己遇到的问题,可以用一张问题梳理表来解决。

遇到的问题	解决方法
工作效率低	看时间管理及高效类的书
不自律	看自律的书或课程
文章写不好	学习与写作相关的课程
不会做海报	到网上搜教程

最后说一下带着问题学习的步骤。

第一步,及时记录下自己遇到的问题。

第二步,思考解决方法,如果自己想不出来,可以到网上搜别人的建议,然后从中选择适合自己的。

第三步,按照合适的方法去学习,并且及时用上。如果不用,你的问题就无法解决,有时候一种方法不一定有用,可以多试几次。学习本来就是一个不断试错的过程。

2. 知识也需要"经历"

- 把手头的事情放下,全心全意系统地学一门知识。
- 一边做事情,一边断断续续地学一门知识。

以上两种学习方法,你选择哪一种?大多数人会选择第一种,全心全意系统地学,不是学得更快学得更专业吗?事实上,第一种情况我见过很多,经常有人跟我说,自己学了心理学,学了营养学,学了运营管理，各种证书拿了一大堆，学费也花了不少，但依然很迷茫，越学越焦虑，越学越不自信，陷入学习的怪圈。之前我遇到过一位学员，本来要学习写作，中途发现有人用思维导图列大纲，于是放下写作，专门去学思维导图。好不容易把思维导图学会了，可以用它列大纲了，突然觉得自己看书太少，又专门花了几个月的时间去看书。结果你猜怎么样了？知识涉猎确实很广，什么都会一点儿，书也看得非常多，但还是写不好一篇文章。因为他的重点根本没放在写作上，精力全被其他的事情牵扯走了。

有学员问我：小小老师，我想写情感类文章，需要先系统地去学习一下婚姻情感方面的知识吗？

我的回答都是：不用专门去学，一边写一边断断续续地学就行了，学到的知识能马上用到文章里，等文章写好了，婚姻情感方面的知识也很丰富了。一个人掌握再多的知识，拿再多的证书，如果不用，终究还是纸上谈兵，并不能给自己带来多少实际的成长，只有把它用上了，它才真正是属于你的。

对待学习不要抱着完美的心态，不要想着一定心无旁骛地去学，学好了学精了再去用它。相反，要把"用"作为前提，用到什么就学什么。比如说，要写情感类文章，在这个过程中，发现自己不会排版，那就用碎片时间学一下，发现自己需要了解一点儿心理学，那就用碎片时间看看心理学方面的书，发现文章写出来了数据并不好，那就再用业余时间去学习一下运营知识。写作就像一棵树，树在成长的过程中，会长出很多小树枝去吸收营养，保证自己能茁壮快速地成长。这些小树枝就是写作需要用到的一个个知识点，注意，它们只是小树枝，如果放弃树干，把所有营养输送到某个小树枝上，树就长歪了。

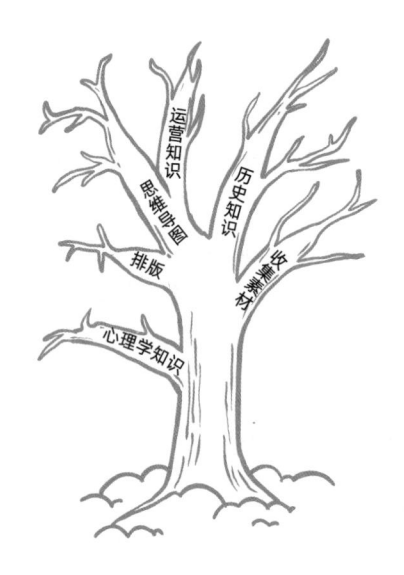

所以，我们不但要边用边学，还要注意以下几个问题。

一是时刻记住主目标。前面讲过，没有目标，自律很容易跑偏。在学习上也一样，如果忘记了主目标，你就会发现，自己不停地学，但最后想要的结果根本达不到，就像那位为了写作不断学习各种知识的学员，他忘记了自己的主目标是写作，结果学了一大堆知识，但还是不会写文章。

二是时刻记得用。有些人确实是需要用的时候才学习的，但是，一学习就忘记用了。比如说想写文章，觉得自己想不出什么好观点，就去看书提升。结果书看了一本又一本，一点儿也没用上，这些书虽然不至于白看，但确实没发挥太大的作用。所以看书的时候要不停地思考，这个素材能不能用？怎么用？这个观点可不可以写进文章里？写进哪篇文章里？这样去思考，不但能保证用上，还能对知识有更深的领悟，一举多得。

我去年看了很多中医的书，学了几十个养生小方法，但大部分都不记得了，只有自己用过的几个方法记得特别清楚，随手就能写一篇文章分享，跟别人聊天时也能随时说出方子。为什么用过的方法记得这么清楚？因为在用的过程中，会有很多小细节，这些都能加强记忆。就像看过的电影我们不一定记得情节，但经历过的事情，一定记得特别清楚，甚至中间每个不起眼的小细节都能讲出来。知识也是需要"经历"的。

3. 最简单的记忆提升法

想要把知识记得更牢，除了前面讲到的带着问题学习、边学边用，还有一个看起来有点儿笨但又特别简单的方法：重复记忆。我们的大脑里，有一个海马体，短期记忆都停留在这部分中。比如说，你看了一本书，读了几句单词，海马体都会记住。但是，它只是短期记忆，隔几分钟可能就忘了。想想学习时你是不是这样的：拿着书觉得自己什么都记住了。刚放下书时，可以记住一部分；再过一天，记住得更少了；过了10天，基本上全忘了。

想要长期记住这些知识，需要海马体重复多次碰到它们，遇到的次数多了就成"老熟人"了，海马体会以为这些知识很重要，从而把它们转存到大脑皮层，形成长期记忆。所以想要牢固地记住知识，需要多看多用，隔段时间拿出来看一看、用一用、读一读、背一背，让海马体以为它很重要。

我在学习唐诗的过程中，对这一点体会特别深。开始时，我每天早上背诵一首，背得滚瓜烂熟，可等我背完 100 首，再回头看前面背过的唐诗时，发现居然都不会背了，需要重新再背一遍。但是，因为之前背过，还是有一点儿记忆存在的，所以第二次背诵时速度快很多，一早上可以复习 10 首。第一次背诵时，虽然背会了，但丢了书本就忘得差不多了；第二次背诵后，丢了书本虽然也不能完全记住，但写文章时已经可以随手用上几句了。用过之后的，自然记得更清楚，简直到了张口即来的地步。

所以，对于容易忘记的知识，就是要反复地记，反复地用。这一点也适合用在孩子身上，孩子学习的生字总是容易忘记，那就经常给他报听写，某个公式总是记不住，那就让他多做几道题，做游戏时把这些知识融入进去，反复地提及。

这个方法并不轻松，也不是捷径，但对于一些硬核的知识，只能这样下功夫。这世上，并没有那么多的捷径。当你总是记不住某个知识点的时候，与其花时间到处找捷径，不如多读几遍、多用几遍。

越简单，越有力量。

三、提升管理力，让自律更快捷

你有没有以下这些困惑？

1. 每天手忙脚乱的，时间完全不够用，筋疲力尽，可产出却很低，常常觉得迷茫空虚，一年又一年过去了，收入没有增加，也没有觉得自己成长了。

2. 不想浪费时间，希望每一分每一秒都用上，可常常支撑不住，要么走神要么效率太低，感觉在无效自律。

3. 既想把工作做好，又想学习提升自己，还想陪孩子，周末孩子可怜兮兮地求你陪他玩，你忽然崩溃很内疚，不知道该坚持学习还是再也不学了，放弃成长好好陪孩子长大。

这些，都是时间管理出了问题。每天的时间只有24个小时，吃饭睡觉要花10个小时，剩下的14个小时，要抽出一部分时间来应付杂七杂八的事情，还需要适当地休息一下，喝喝水或上上洗手间，真正用来工作和学习的时间，其实不到8个小时。这8个小时里，再除去无法专注的时间，能真正高效产出的时间，大概只有4个小时。

同样每天这么多时间，同样不能保证每时每刻都专注，为什么有些人效率很高，什么事情都可以快速完成，而有些人把自己弄得这么忙这么累呢？因为时间管理是自律中很重要的一环。同样做那么多事情，会管理时间的人，就会更轻松、更快捷；不会管理时间的人，则经常捡了芝麻丢了西瓜，忙忙碌碌却一无所获。

我从 30 岁开始全职写作以来，一直有一个很多人羡慕的标签：每天工作 3 个小时的时间管理达人。我选择全职写作，就是希望自由一点儿，但是全职写作工作量其实也很大，后来我做自媒体矩阵，开公司组团队，工作量就更大了，不但要写文章、讲课、拍视频，还要处理团队的很多事情。这种情况下还想要自由，只能想办法把时间管理好。好在经过不断的摸索，我总结了一套很有用的方法，可以保证每天 3 个小时做完日常工作，其他时间用来做一些临时的新增加的项目。

1．找出最重要的事情

虽然人的一生中要做和想做的事情有很多，有些事情做成了将有很大的收益，对工作和生活会产生比较大的影响，但有些事情做成了收益很小。既然收益不同，自然重要程度也不同。

时间管理第一步，就是找出对你来说重要的事情，不那么重要的事情能舍弃就舍弃，舍弃不了的也尽量少花时间。你可以把最近一段时间要做的事情全部写下来，然后按照紧急程度、收益值、兴趣度 3 个角度来打分，每项最高 10 分。

单位：分

事件	紧急程度	收益值	兴趣度	总分
写作	10	10	10	30
制作新课程	8	9	7	24
考驾照	5	5	4	14
健身	6	8	5	19

按照这个表格填完以后，你就非常清楚，对你来说最重要的事情是什么，第二重要的事情又是什么，以及哪些是不那么重要的事情。为什么要把事情分出重要程度呢？

首先，可以保证把更多的时间和精力放在最重要的事情上。

某件事情的收益值最大，又是自己最感兴趣的，这就保证了学习效果好，收益还大。这样的事情，当然值得我们花更多的时间和精力，把它放在最重要的位置。

对一件事情的重视程度不同，结果就不同。这也是心理学上的"吸引力法则"，你把一件事放在重要的位置，就会格外关注它，而格外关注会让你为它付出更多，会努力寻找各种方法和机会，把一切好的事物都吸引过来，最后总能心想事成。

其次，在时间不够用的情况下，知道如何选择。

如果想做的事情太多，但时间又完全不够用，果断舍弃那些不重要的，不紧急的，留下最重要的，而不是天天纠结到底应该选哪件。或者，正常情况下，所有的事情都能做，但某天遇到突发情况，也可以保证先舍弃不重要的，只集中精力把重要的事情做了。越聚焦，成功的概率就越大。把一件收益值高的事情做好，胜过10件没什么收益的事。

我全职写作12年，一直把写作放在最重要的位置，不管是出差还是旅行，都会带着电脑，以保证自己在任何情况下都可以写文章。事情多到做不完时，也必须先把文章写完，然后做其他的事情。当然，它给我的回馈也是最大的，因为一篇篇文章，我吸引了 350 万名粉丝关注，后来又在这个基础上做写作培训，组建自己的团队。如果我分不清重点，明明写作对我那么重要，我却三天打鱼两天晒网，一没时间就放弃它，结果可能就是，天天忙着做这做那，最后一算，收益少得可怜。

时间管理不是单纯地管理时间，而是管理目标，管理自己做事的方式。一天就那么点儿时间，怎么管时间都不会变多，但我们可以通过时间管理，让所做的事情有更高的收益。如果发现对自己来说最重要的事情还挺多的，那就按照紧急程度的不同来做选择，在兴趣度和收益值差不多的情况下，哪一个更紧急就先做哪一个。比如说，写作和摄影对你来说收益值相当，兴趣度也相当，若你现在的工作更需要写作则选择写作，若更需要摄影则选择摄影。

如果一件事情能尽快地解决目前的困境，尽快地看到收益，它就是更重要的。只要找到了最重要的事情，始终把它放在最重要的位置，不管你的时间是不是足够，最终的结果都不会太差。

2．利用好非专注时间

保持每一分每一秒都专注是不可能的。我前面讲到的提升专注力的方法，也只是说，可以尽快地进入专注状态，以及在一个时间段内少走神，尽量保持专注。

但是，再好的方法，也不能保证一天 8 个小时都专注。毕竟人的注意力有限，专注一段时间后，就会稍微走一下神。而这走神的时间，也不能轻易浪费，不然一天真没几个小时可以工作和学习了。

怎么才能让所有的时间都发挥出最大的作用呢？可以把烧脑的工作和简单的工作结合。比如说，写作是一件很烧脑的工作，需要极度专注，这样效率才会更高。但是，回复微信消息、回复账号留言，这些是简单的工作，不怎么用脑子。我们可以把它们结合在一起。先专注地写文章，文章写完了，专注力消耗得差不多了，这时候不太想做烧脑的事情了，就回复一下消息，既不需要消耗专注力去自律，又把事情都做了。可以列个清单，把一天要做的事情都写下来，确定每一件事情的烧脑程度（数字 1～10 代表烧脑程度由低到高的排序）。

事　件	烧脑程度
写作	10
回复消息	1
发朋友圈	1
写课件	9
看视频学习	2
写视频文案	5
谈课程合作	3

假如以上这个表格里是一天要做的事情，现在就按每件事情烧脑程度的不同，把它们重新组合，烧脑程度高的后面配上烧脑程度低的。

重新组合以后是这样的。

时　间	事　件
8:00—9:00	写作
9:00—10:00	发朋友圈、回复消息
10:00—11:00	谈课程合作
11:00—12:00	写视频文案
14:00—17:00	写课件
17:00—18:00	看视频学习

把重要的、烧脑的事情放在前面做，这时大脑没有被过度消耗，注意力容易集中，效率也会更高，而且可以保证，即使中间出了状况，重要的事情也不会被耽误。至于不重要的，耽误一下问题也不大，所以往后面排。

重要又烧脑的事情做完了，本来就需要让大脑休息一下，可以是出去走一走，喝喝咖啡或听听音乐，也可以是聊聊天或发发朋友圈。总之，就是让大脑放松一下。有张有弛，大脑才不会太累，也才能应对接下来的复杂工作。等大脑休息得差不多了，如果还有烧脑程度没那么重要的工作，也可以再做一点儿。比如说，写视频文案的烧脑程度是5，没有回复消息那么轻松，但也没有写文章那么烧脑，所以做了两个小时相对轻松的工作后，可以做一做这件事。尽量保证半天只有一件特别重要又烧脑的事情，如果有多件，把它们分散开，一件放在上午做，一件放在下午做。这样不管是体力还是脑力，都能保持在相对平稳又高效的状态。

这个方法我用了很多年，凡是事情多，每个时间段都要充分利用的时候，我就会这么安排一天的事情，它保证了我既可以把该做的事情做完，又不至于太累。

3. 专时专用，做好平衡

有位粉丝问我：小小老师，我想学习写作，可是两个孩子还小，也需要我的陪伴。为了写作，我都一个月没陪他们了，周末别的孩子都和父母一起出去玩，我的两个孩子只能在家看动画片，看着好心疼。我如果陪他们，就没有时间写作了，好纠结啊，怎么办？

曾经有一段时间我也很苦恼，我写作本来就是为了有时间多陪孩子，结果为了写出好文章，大部分时间不是在看书就是在电脑前打字，好不容易陪孩子一会儿吧，脑子里也会想着写作的事情。后来我学习摄影也是，只要出去，总会忍不住拍照。以至于我女儿都不愿意跟我出门了，因为出门我也不会陪她玩，而是忙着拍照。

女儿的排斥让我心生愧疚。于是我决定做出改变，每周抽一天时间，专门用来陪女儿，陪她出去玩滑滑梯，玩露营，玩攀岩……这段时间内，除非有紧急事情，不然我就不看手机，全心全意地陪孩子。除此之外，每晚睡前陪她读半个小时的书，只读半个小时，并不会耽误我多少事情。自从这么调整以后，我再也不会愧疚了，跟女儿的关系也亲密了很多。关键是我的文章也并没有因此少写，再加上没有心理内耗了，更容易专注，效率自然更高了。

人生的每个阶段，我们都会面临各种各样的平衡。如何平衡爱好与工作？如何平衡工作和家庭？专时专用可以很好地解决这些问题。不同的时间段做不同的事情，做这件事情时，不要想着那件事情，做那件事情时，也不要想着这件事情。一个人专心致志不内耗，会更轻松更舒服，也更容易把事情做好。专时专用做平衡时，注意以下两个问题。

一是重要的事情才值得专时专用。不那么重要的事情，要么碎片时间做，要么直接舍弃，不要试图去平衡所有事情，那样只会让你变得忙碌又平庸。

二是人生没有百分百的平衡。每个阶段的人生目标都不一样，重点也不一样，不要试图百分百平衡，只要能稍微平衡，就已经非常好了。比如说，写作和陪孩子，在你冲刺写作的阶段，它肯定会占据更多时间，就算专时专用，陪孩子的时间也可以少一点儿，多给写作分一点儿时间。等你写得非常成熟,不用太花精力的时候,则可以多分给孩子一点儿时间。

4. 写好时间日记

你有没有这种情况:早上 6 点起床,晚上 12 点睡觉,中间 18 个小时的时间,一直没有闲着,连吃饭都是匆匆忙忙的,可是却觉得很空虚,发现自己一天到晚什么有意义的事情也没有做,产出低得可怜。忍不住要问:我的时间都到哪儿去了?

想要弄清楚这个问题也简单,每天花几分钟时间,记录下来一天的时间流逝。别小看这个动作,只有记下来,你才能知道问题出在哪儿。当我觉得自己忙忙碌碌却没有产出时,就会这样去记录一周。以下是我某一天的时间日记。

时间	事件
9:00—10:00	写一篇文章(1个小时)
10:00—11:00	影评第一课课件初稿(1个小时)
11:00—12:00	看各种信息并回复(1个小时)
14:00—17:00	看各种信息(3个小时)
17:00—18:00	写一个文案并拍视频(1个小时)
20:00—21:30	写作班讲课(1.5个小时)
22:00—23:00	看各种信息(1个小时)

记录完以后,我们可以来分析时间日记了。每天写一篇文章,

写作班讲课，这些是雷打不动的，已经很高效了，没什么问题。但是，写文案拍视频的时间过长，一个文案和视频，居然需要花 1 个小时的时间，这是不正常的。这就说明它需要优化。另外，在这一天里，有 3 个时间段都在看各种消息，总共加起来用时 5 个小时，超过了其他单项的工作时间，这个浪费太明显了。

真是不记录不知道，一记录吓一跳。我只知道自己平时看各种消息时间挺多的，但也没有想到，居然已经多过了工作时间。既然看出了问题，就要分析这些问题，并找到解决方法。写一个文案并拍视频花费 1 个小时，是因为我在写文案的时候，一直在看短视频，总想从短视频里寻找灵感，结果一看就停不下来。发现时间花费太多了，才会赶紧关掉短视频，花十几分钟时间仓促地写文案、拍视频。这个工作方式可以改成：平时一有灵感就记录下来，写的时候有目的有方向，而不是一边坐下来写一边刷短视频找灵感。

再来分析看 5 个小时信息的问题，除了回复消息，还有就是看微博、看公众号等。为什么会看这么久呢？为了找素材。但是效果并不好，我依然在担心每天写什么，因为这种担心，又让我觉得很焦虑。那就说明这种方式不对，也需要改。找素材这个目标不变，但可以丰富一下，不要 5 个小时都看各种信息，可以改成 2 个小时看信息，2 个小时看电影，1 个小时看书。

重新安排以后，拍视频节省了半个小时，5 个小时找素材时间也安排得更丰富，可以保证找到不同种类的素材，而不是在一个效果并不好的方式上把所有时间花掉。同样的时间，稍微有一些调整，效果就会不一样。如果你每天忙忙碌碌却产出很低，一定要写时间日记，然后从中找出问题，并及时调整方向。

四、提升思维力，让自律有收益

一个人保持自律，最终的目的是什么？不管你有着怎样的目标，最终的结果都是希望：自律能够给自己带来更多的收益，包括精神方面的和物质方面的。

大家朝九晚五上班，一周工作40个小时以上，是为了理想吗？理想当然有，但也要看到收益，没有收益，恐怕大多数人连一天班都不想上。网上有一句名言：知识给世界带来光明，知识给人类增长财富。不管是知识还是自律，用好了都能给我们带来收益，用不好，则很容易一番操作猛如虎，结果一切都成空。很多人之所以越自律越焦虑，越自律越迷茫，主要是因为努力地在自律却没有任何收益。

我们知道，人想要一直轻松地自律下去，需要得到正面反馈，其中最直接有效的反馈，就是收益。让自己看到收益，不仅让自律变得有意义，也能让你更乐意坚持。想要做到自律有收益，需要提高我们的思维能力。

1. 选择有收益的事

经常有人给我留言：小小老师，我写了很多诗歌，怎么才能投稿赚钱啊？

我只能很遗憾地告诉他，现在诗歌并不好赚钱，收稿的平台也不多。如果想靠写作来赚钱，还是调整一下方向比较好。不要拿某个以写诗出名的人说事，那是个例，一件事情如果只有极少数人能够得到收益，就说明成功的概率很低。除非你极度热爱，不看到收益也愿意坚守，或者看中它给你带来的其他好处。

有一些人，非常自律地看各种书，然后发现自己的生活和工作并没有改变，开始怀疑看书到底有没有必要。看书本身很难有直接收益，除非在看书的同时做其他事情。比如说，为了考某个证书，疯狂地看那个领域的书，这能帮助你通过考试拿到证书，这个证书又能保证你在工作中用上，这样你就获得了收益。或者，看完书以后，去做分享，去讲书，去做读书类的训练营。

还有一些人，努力地经营各种关系，花了很多钱，也花了很多时间和精力，最后发现自己不但没赚到钱，可能还影响了工作和生活。这同样是因为漫无目的地经营关系，本身能力又不过关，那些关系根本帮不上什么忙。

还有一些事情，本身已经在走下坡路了，即将被淘汰，不管多么自律多么努力地把它做好，也很难有收益。

所以，你要选择那些结果确定的事情，为这些事情努力。想要选出这样的事情，可以从以下几个方面考虑。

一是这件事情大多数人能得到收益。一件事情如果大多数人都得不到收益，你不要觉得没有人跟你竞争，你就可以大显身手了。事实上，这只能说明它没有什么市场。市场小到可以忽略不计，你就算有收益，又能有多少呢？经常有人说，写作的人太多了，是不是就赚不到钱了。恰恰相反，一件事情做得人多，市场才会繁荣，才更容易有收益。现在写诗歌的人很少，诗歌的市场非常小，所以它不容易有收益。

二是这件事情有哪些收益。你一定要先弄清楚，这件事情到底有哪些收益，越清楚，你的目标越明确，也就越容易更快地看到收益。而且，越知道这件事情的收益方式，越会笃定，不会别人说几句不好就放弃。在确定要不要做一件事情之前，先弄清楚它的收益方式，看它是不是可靠的，是不是你能接受的。弄清楚了就全力以赴，不达目标不罢休。

三是这个行业短时间不会被淘汰。很少有哪个行业万年长青，很多时候都是你方唱罢我登场。有些行业之前很火，现在已经是夕阳行业了，从业人员纷纷逃离，收益也大幅下降。这种行业就不要进入了，在这样的行业里，不管你多么努力，结果也不会太好，只会让你越来越自我怀疑，明明已经那么努力了，为什么还比不上身边的同学和朋友。就算选不了回报率高的行业，至少也要选择短时间不会被淘汰的行业，这样你的努力才有更确定的回报。

四是结果是你想要的。有些事情，外人看来收益一般，但它的那些好处正是你想要的，那就不用纠结。人生不可能样样都得到，得到自己想要的，已经很好了。关键是人要自洽，不能得到了自己想要的，又觉得它收益不够高；得到了高收益，又嫌它太辛苦不够自由。

人生总会有得有失，工作和学习也一样，既要……又要……，这不满那也不满的心态，会让你即使得到很多，依然过得不开心。

2．做有复利的事情

一件事情光有收益还不够，那只能保证你处于平均水平，不至于劳无所获。想要获得更高的回报，你要在有收益的基础上，选择有复利的事情。复利的意思，简单来说就是利滚利。按照正常的计算方式，假如10 000元存在银行会有300元的利息，不管存多少年，每年的利息都是300元。这也是大多数人所做的事情，每一年的收益都差不多。

如果按复利计算呢？同样10 000元存在银行会有300元的利息，第一年的利息是300元，第二年的利息就不止300元了，因为那300元的利息也是要计算利息的。越往后，利息就会越高，而且后面增长得非常快，就像下面这张图。

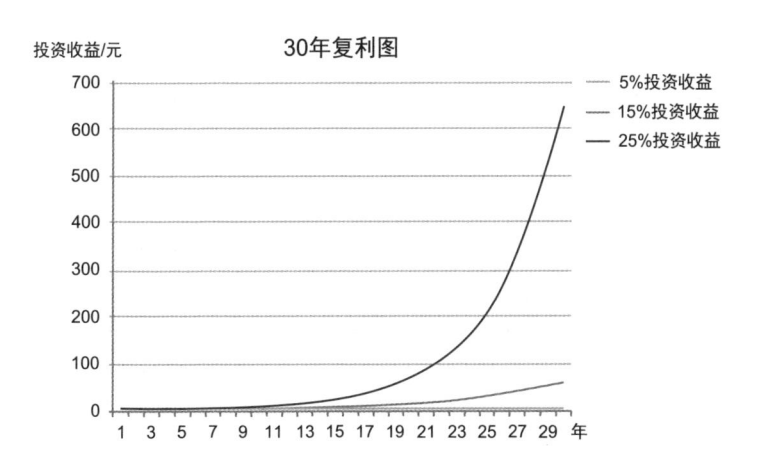

我们尽量选择有复利的事情，收益也会更高。比如说，做自媒体是有复利的，同样每年都在产出内容，但第一年粉丝少，收益比较低；第二年粉丝多了一些，收益会高一些；第三年粉丝更多了，收益也更高了。写作也是有复利的，你写得越多，名气越大，名气越大稿费就会越高，还会有其他一些合作机会，同样每天写文章，后面收入会越来越高。而且，这些版权还可以让你有"睡后收入"，所谓"睡后收入"，就是被动收入，你不需要花费时间和精力，睡着了也有钱入账。这样的收入越多，人过得越轻松。

怎么分辨哪些事情有复利呢？有复利的事情，一般有以下这些特点。

一是容易产生"睡后收入"。能产生"睡后收入"的事情，都算是有复利的，因为你不用付出时间和精力，它依然还会源源不断地带来收益，这样的事情尽量多做。如果做得好，就可以实现退休也有收益。

二是收益和知名度挂钩。如果一个人的知名度越大收益越高，这样的事情也是有复利的，因为随着一点点积累，知名度一定会越来越大的，收益也会越来越高。名作家、名医、名摄影师，基本上都属于这一类。

三是收益和经验挂钩。有些事情是越有经验越值钱，有些事情则是有无经验差别不大，甚至更青睐年轻人，年龄大了容易被淘汰。比如劳动力密集的行业，重形象不重专业的行业，都属于经验没有太多价值的。我们要尽量做越有经验收益越高的事情，比如做咨询、做顾问、做老师等。

找到有复利的事情，就可以严格要求自己，不停地学习，快速进步，并且坚持做下去。这样不但不用担心被淘汰，收益也会越来越高。当然，不是说所有的事情都要追求复利，只在重要的可以当作主业或副业的事情上做到就行，而其他的事情，不一定要把收益放第一位。

3．学会效益更大化

在纸媒时代，为什么我一年只写了360篇文章，却发表了1400篇文章？发表量为什么是写作量的4倍呢？那是因为每一篇文章，我都会想办法让它效益最大化。比如说，一篇2000字的文章，我会先投给杂志社，在杂志上首发。然后把它修改成800字左右的小文章，投给不同的报纸副刊版面。报纸副刊一般要求字数在800字左右，并且大部分是允许一稿多投的，也不介意文章是否在其他地方发表过。这样一来，一篇文章至少可以发表3次。此外，很多杂志以转载为主，转载也有稿费，像《读者》《格言》《意林》这些知名杂志，每期都会转载很多文章。如果文章频繁被转载，等于自己什么都不干，就可以多一份收益。

为了增加文章转载率，我专门运营了一个博客，把新发表的文章都放上去，方便荐稿人拿去荐稿。对于那些优秀的荐稿人，我也会把最新的文章直接打包发给他们，让他们可以第一时间推荐给杂志社。各种方式加起来，我的文章那几年简直是铺天盖地地发表，随便在市面上买几本杂志，翻开都可以看到我的文章。1400篇只是可以在网上搜到链接的，搜不到的肯定还有很多。

我用的方法就是效益最大化，同样的一篇文章，如果只是按照正常流程投稿，只能发表一次，但我用了一些技巧以后，它可以发表4次。多发表3次不仅仅是多赚3次稿费，还让我的名字多了3次曝光，随着曝光的增多，也会多很多其他的机会，比如成为签约作者、出书、讲课等。

后来我做自媒体，同样努力做到效益最大化。先是做公众号，然后把文章同步到今日头条、百家号等平台。同样写一篇文章，却可以在多个平台获得收益，在多个平台同时涨粉。一篇文章收益这么大，当然很有动力坚持下去，所以连续7年我都保持日更，节假日也很少休息。也是在这样的积累下，才有了350万名的粉丝。做任何一件事情，我都想着让它效益最大化。我有一个免费的写作成长营，每个工作日我都在里面分享写作成长干货，免费的事情按说很难长久做下去，但我一做就是两年。因为在免费分享的同时，我会把内容分享改成视频文案，拍了视频发在各个平台上，这样又可以吸引新的粉丝进群，并且购买写作课程。一份分享内容，不仅仅让学员学到知识，对我更信任，而且能够在各个平台吸引粉丝关注，打造影响力。一份付出，双份收获，这就是效益最大化。就连健身，我也会想着，能不能做到效益最大化。最后我选择了跟着直播间跳形体操，这样可以一边跳操一边背唐诗。我不仅通过健身让身体更健康了，还破天荒有了背唐诗的时间，这也是效益最大化。

所谓效益最大化，简单来说，就是出一份力有多份收获。毕竟我们的时间和精力有限，仅仅靠一分耕耘一分收获，收获会非常有限。但是,如果一分耕耘多分收获,在时间和精力不变的情况下,就可以拿到更多更好的结果。想要效益最大化,就要经常想一想:这件事情可以重复利用吗?怎么重复利用?重复利用不一定是直接重复利用,稍微额外花一点点时间和精力也是可以的,但总体来说,第二份收益所花的时间和精力,远远低于做这件事情的正常花费,那就是对的。

自律的路上,我们努力做一个高效的人,这样才能更从容。

"

第 3 章

为什么你总是上瘾失控

欲望就是你跟自己的约定，约定的内容是：不得到我想要的东西，我是不会快乐的。

——《纳瓦尔宝典》

每个人都有欲望，有些欲望是积极的、对人生有益的，有些欲望则会让人一步步失控，变得越来越糟糕。好的欲望需要自律得到，而糟糕的欲望，稍微放纵一下就得到了。比如说，刷短视频，玩游戏、追剧、追网络小说等。偶尔放纵一下还好，如果对这些行为上瘾，它们就会像黑洞一样，吞噬掉你的时间和精力，让你再也无心工作和学习。别说成长了，现有的生活都可能一塌糊涂。

什么叫上瘾呢？心理学上的解释是：明知后果，但依然频繁地去做、无法停止的心理现象和行为表现。你还可以对照一下下面的标准，看看是不是符合。

标准一：结果不好。

结果分两类，一类是看得见的显性结果，另一类是看不见的隐形结果。比如说，因为这些上瘾的事情，你没有办法用心工作和学习，造成二者都一塌糊涂，生活也极不规律，甚至影响健康，这都是看得见的显性结果。每次做完某件事后心情低落，极度讨厌自己，既焦虑又迷茫，这是看不见的隐形结果。

一件事情，如果结果是好的，既能让你的工作和生活变得更好，也能让你的心情变得更好，那就不是上瘾，就算是上瘾，也希望这样的上瘾行为越多越好。

标准二：有持续性。

有些行为虽然会有不好的结果，但只是偶尔做一下，不会长时间痴迷，这不算是上瘾。上瘾具有持续性，连续多日都受它的影响，甚至持续多年，这才是上瘾。所以不必为偶尔的痴迷行为担心。

标准三：很难控制。

控制不住地想做，而且一做就停不下来，哪怕心里很想停，但就是控制不住，如果有这个表现，就属于上瘾。如果对一件事情或某个东西很痴迷，但自己完全可以控制，哪怕感觉不太好，也没有到上瘾的地步，不必紧张。如果你觉得这些标准还不够清晰，可以花一点儿时间做个测试，看看以下这些场景你是不是遇到过。

1. 一拿到它就舍不得放下，哪怕有工作等着自己，只要不是万分紧急，就迟迟不行动，甚至经常忘记喝水，忘记上洗手间。

2. 不愿意出门，不愿跟人打交道，只想和它在一起。

3. 做完它心情很低落，觉得自己很糟糕，对生活失去了掌控感。

4. 家人都觉得你上瘾了，觉得你只顾着它，忽略了他们的感受。

5. 你知道它非常不好，想要控制它，但总是无能为力。

6. 情绪不好的时候，只要有它，就能暂时忘记坏情绪。

7. 停止做它，会觉得烦躁、无聊、无所适从。

以上 7 种场景，如果拥有 2 种以上，并且不是偶尔，而是经常，甚至每天，你的行为就属于上瘾。不过不用惊慌，其实大多数人都或多或少有上瘾行为，我们找到上瘾的深层原因，再对症下药，就可以减少或消除它对生活和工作的负面影响了。

一、上瘾的深层原因

想要控制上瘾行为,我们首先要知道,自己是哪种形式的上瘾,为什么会上瘾。只有充分了解自己,才能对症下药,并最终药到病除。按照不同的触发原因,我们可以把上瘾分为以下几种。

1. 物质依赖

典型表现:吸烟上瘾、喝酒上瘾、药物上瘾。

物质依赖很好理解,就是对具体的物质上瘾,比如喝酒上瘾,不喝就浑身难受,整个人无精打采的。并且要记住前面讲到的 3 个标准,如果只是普通的喜爱,不影响工作、生活和身体健康,那么是没有关系的。如果它会带来坏的结果,就需要刻意控制。

为什么有人会对物质产生上瘾行为呢?

一是某些物质本身就有成瘾性。比如香烟里的尼古丁,它进入人体后,会让人变得很兴奋,继而形成上瘾。还比如,酒精进入人体后,会刺激大脑释放大量的多巴胺,让人感到愉悦,所以人需要更多的酒精来强化这种愉快感，慢慢就会上瘾。二是环境因素导致。比如说，你身边全是吸烟或喝酒的人，不喝酒被视为落伍，为了让自己不成异类，你会习惯这些行为，长期下来，慢慢就上瘾了。

2. 成就感上瘾

典型表现：玩游戏、拍照发朋友圈。

成就感上瘾属于时代病。在互联网时代，大部分人都离不开手机。经常在社交媒体上看到大家的分享，比如某人吃饭之前要先拍照发朋友圈，360°拍了很多张，饭好不好吃不重要，照片美美的才重要。很多人买衣服、做美食、出去旅游，目的仅仅是拍好看的照片和视频，然后拿到社交媒体上炫耀，收获一拨儿点赞和羡慕。如果仅仅只是满足炫耀的心理，它不会给你带来任何收益，还会让你无心工作和学习，无心感受生活，那就是不健康的。

为什么很多人一玩游戏就停不下来？因为每闯过一关，就会特别有成就感，"羊了个羊"曾经因为第二关的"地狱级难度"而冲上热搜，有些人各处找攻略，通宵玩游戏，就是要享受"别人都做不到但我可以"的成就感。

成就感是一种正向反馈，它会让人更乐意做一件事。只不过，正向反馈的事情很多，有些会让生活和工作变得更好，有些却相反。比如，不做游戏行业的工作却没日没夜地玩游戏，或者控制不住地拍照发朋友圈，虽然会在心里产生成就感，却对生活和工作无益，只会浪费时间。

3. 未完成情结

典型表现：追剧、追网络小说。以下这些情况你一定遇到过。

- 你正在写一篇文章，别人喊你去吃饭，你会说：等我把文章写完再去。
- 你正在看一部电影，别人喊你出去逛街，你会说：等我把这部电影看完就去。
- 你正在和人聊天，该聊的还没聊完，别人喊你去见其他人，你会说：稍等，我把话说完就去。

心理学上有个现象叫蔡格尼克效应，指人们对尚未处理完的事情，比已经处理的事情印象更深刻。因为人们天生有一种"有始有终"的驱动力，把一件事情做完了才觉得完美，做不完则无法放下。这个驱动力是不是还挺好的？如果用在工作和学习上，可以让你做到有始有终，不至于虎头蛇尾，但用在会带来不好结果的事情上，并且极大地损耗了时间和精力，那就不太好了。

经常有人跟我说，自己为了写作去看小说或去追剧，结果一追就停不下来，非得不吃不喝熬夜把它看完，不看完就百爪挠心，睡不着觉，也无心工作和学习。这就是非常典型的"未完成情结"。为什么工作和学习时没有"未完成情结"，追剧或看小说时就有了呢？有两个原因：一是追剧或看小说是简单的动作，不需要自己动脑子，剧情又让自己感到很快乐，当然想完成。二是优秀的电视剧和小说本身就会设置很多悬念，一集或一章结束时，都会留一个悬念，这个悬念会吸引着你往下看，等于引诱你上瘾，而工作和学习都没有这个设置。

4．未知刺激

典型表现：刷短视频、抓娃娃、频繁地查看各种信息。

我们一刷短视频就停不下来，因为不知道下一个视频会刷到什么，越是不知道结果，我们越是充满了好奇心，而好奇心又会让我们无法停下手里的动作。抓娃娃也很典型，我们不知道下一次能不能抓到，也不知道能抓到什么，所以一旦开始就停不下来。

刷短视频、抓娃娃、频繁地查看各种信息，其实都是因为这件事情的结果不可预料，因为不知道所以好奇，又因为好奇而无法停止。

现在很受欢迎的盲盒，就抓住了人的这种心理。我女儿就特别喜欢开盲盒，只要看到盲盒就迈不开脚，一定要买几个才罢休。那种小小的其貌不扬的盒子，售价几十元，但是里面的东西有时候可能只值几块钱。刚开始我特别不理解，有这几十块钱，想要的玩具都可以买到啊，为什么要赌一个未知呢？后来我发现，公司里很多年轻同事也都喜欢，他们就想要那种不确定性，那样会让人觉得很刺激。

这就像很多人不喜欢一眼看得到头的生活一样，哪怕这种生活很富足，什么都不缺，也依然会觉得没劲，想换一种有更多可能性的生活。

我自己有一段时间对手机上瘾，只看电子书，因为这样就能随时查看各种微信信息，知道有哪些人给我留言了，其实这也是因为未知刺激。因为不知道会有什么信息，所以大脑一直处于紧绷状态，要时刻看到才安心。

5．情绪需求

典型表现：熬夜、购物。

现在很多人都有熬夜的习惯，除去工作和学习需要，大多数人的理由既出乎意料又合情合理。因为他们觉得，只有夜晚的时间是完全属于自己的，可以放肆地做自己想做的事情，如果不熬夜，觉得一天的时间都在为他人做事，也没有机会做自己喜欢的事，这会让人很沮丧。

为什么不早起呢？早起也可以做自己喜欢的事情。因为，早起相对来说比较困难，但是熬夜比较简单。人们会本能地做简单的事情，而抛弃艰难的事情。还有很多人购物上瘾，明明家里的快递已经堆积如山了，还是忍不住买买买，有些东西买回来都没有拆封就扔掉了，但下次还是忍不住下单，因为他们享受下单的快感。有些人在情绪不好的时候，还会买一大堆暂时用不上的东西。

不管是熬夜还是购物，其实都满足了情绪需求，哪怕过后会很失落，会觉得生活失控，但在那一刻，确确实实感受到了快乐，情绪得到了疏解。大脑也是有路径依赖的，知道这件事能给自己带来快乐，当自己下次想要快乐时，就会忍不住重复做这件事。

以上 5 种上瘾行为，你拥有哪一种呢？

二、重新规划你的生活

给上瘾分类不是目的,我们的目的是解决上瘾问题,让生活和工作重新回到可控的状态。有了上瘾行为,不用太懊恼,更不用全盘否定自己,人生从来都不是一帆风顺的,走一些弯路在所难免。心态越好,越容易戒瘾成功,当心态崩溃的时候,自控力也会变差,反而更难戒瘾。

记住,上瘾不代表你差劲,也不代表你道德败坏,它更多的时候是一个心理问题,我们只是把成瘾心理用错了地方而已。我自己也曾经数次对某些行为上瘾,比如对咖啡上瘾,对手机上瘾。但我喝咖啡会失眠,所以现在已经戒了咖啡;也能合理地使用手机,而不是它的奴隶。

我女儿有一段时间上网课,一天到晚拿着 iPad,方便刷短视频,因此对短视频上瘾,上课时手指随时准备切换到短视频上。有一周时间她几乎没有办法完成作业,因为无心听课,作业根本不会做。我意识到她对刷短视频上瘾后,开始控制她使用 iPad 的时间,并且通过陪她读书、玩亲子游戏等方式转移注意力。她的网瘾慢慢戒掉了，能够认真听课、认真写作业了。

其实，上瘾真的没有那么可怕，不要在心理上被它打倒了。想要一切变得更可控，我们首先要做的，就是重新规划生活。

1. 找到触发原因和解决方法

找到触发原因很重要，有因才有果，对于上瘾行为，不要仅仅用"自控力差"来形容，那太笼统了，而是应认真地想一想，更具体的原因是什么。比如说，我有两年时间每晚都熬夜，说好了 11 点之前睡觉，就是做不到，经常拖到 12 点甚至更晚，第二天又无精打采的。这让我很懊恼，早睡这么简单的事情，我为什么就做不到呢？我引以为傲的自律跑哪里去了？

我开始找原因，我每天熬夜时到底都在干什么？其实自始至终只做了一件事，那就是抱着手机刷各种信息，以及追新出的电视剧。也就是说，只要我能放下手机，就能不再熬夜。可是我发现自己放不下，这又是为什么呢？我继续找原因。其实原因并不难找，我之所以无法放下手机，是因为我怕错过重要的信息。因为我的工作是做自媒体的，线上沟通是常态。而且我要写文章，总担心错过热点。所以，我坚决不让手机离开我的视线。和家人出去旅行时，我对美景毫无兴趣，只想坐下来看手机。

找到原因以后，我开始思考，有没有解决方法呢？难道我只能时时刻刻和手机绑定吗？很多事情，一旦从解决方法上去思考，就会发现它并不是无解的。

我先总结了一下自己最在意的沟通问题，发现过去的一两年，既重要又紧急的、需要我立即看到并回复的信息屈指可数,大多数时候,晚一点儿回复其实也是没有关系的。

既然需要立即回复的信息并不多,为什么要每天为它提心吊胆呢?而且,这个问题也不是没有解决方法,可以提前告诉自己的工作伙伴,有紧急事情时直接打电话。这样不管我在干什么,只要手机在身边,都能第一时间接收到信息。

害怕错过的热点也有解决方法,可以固定几个 App,早中晚各刷一次,每次十几分钟就好,这样就算不能保证第一时间刷到重要信息,但也不会错过热点话题,写文章也完全来得及。

你看,其实有些问题没有那么难解决,只不过是我们习惯了固有的方法,并且享受那种感觉,一边为上瘾行为懊恼又一边快乐着而已。上瘾行为其实就是一个痛并快乐的过程,做那件事时很快乐,做完了又痛苦。

你要真的很想戒瘾又很想改变,才能更快戒掉,如果你心里并不想,再好的方法都是没有用的。而想要戒瘾,就要找到上瘾行为的触发原因。如果你不知道怎么找,可以按照这个表格去填写。

上瘾行为	触发原因	上瘾原因	解决方法
熬夜	玩手机	怕错过消息	告知伙伴有重要事情打电话
追剧	写剧评	想知道结果	搜索结局、二刷老剧
拍照	发朋友圈	很有成就感	做自媒体、写文章分享涨粉

先找到上瘾行为的触发原因,就是什么情况下你会做这件事。比如说,为什么对熬夜上瘾?因为玩手机,所以总是熬夜;为什么又会对玩手机上瘾呢?因为怕错过信息,所以一直在玩手机。然后想一想,这个问题有没有解决方法。

同样地，为什么会追剧？因为想写剧评，所以需要追剧，结果一追就停不下来，很想知道大结局是什么。那这个问题有没有解决方法呢？可以到网上搜索结局，也可以少看新剧、二刷已经知道结局的老剧。

为什么拍照会上瘾？很多人拍照是为了发朋友圈。发朋友圈有时是为了宣泄情绪，有时可能是为了逃避。还有很重要的一个原因是，朋友圈可以收获点赞和赞美，这些收获让人很有成就感。

如果你发朋友圈的原因是它可以给你带来成就感，那么请想一想，成就感有没有其他方法得到呢？也有，与其只发朋友圈，小范围自嗨又没有收益，不如干脆做自媒体，发在公众平台上，去涨粉变现，让这件事变得对人生有益。有些事情，我们不一定不做，可以换个角度，让它从对人生无益变成对人生有益。思路打开后，很多问题就都不是问题了。

这里的重点是找到触发原因，然后想解决方法。这样一来，不仅解决了上瘾的心理问题，而且行为和结果都变了，算是顺势而为，执行起来也相对容易。

2. 转移到其他事情上

齐白石每次作画之前，都会抽一支烟，这个习惯影响了他的健康，31岁时他决定戒烟。但戒烟是一个很痛苦的过程，烟瘾上来时，不抽一支会觉得心烦意乱。这个时候，他就去作画，因为作画是他喜欢的事情，能够让他静下心来，全身心地沉浸其中，注意力一转移，自然就不想抽烟了。

换个角度看，只要你的注意力用在其他地方，就会很自然地忘记让你上瘾的那些行为。我自己曾经玩手机上瘾，但我发现这个上瘾行为是有阶段性的，如果某段时间我比较闲，就会无止境地玩，越玩越上瘾，基本上一下午的时间都用来看各种信息了。看完了又觉得很空虚很焦虑。但是一忙起来我就没有时间看了，比如说，下午的时间如果用来写书、写课件或录视频，为了高效地完成这些任务，我会非常专注，这时候就会忘记手机的存在，整个下午一次都不看。

如果某个上瘾行为占据了大量时间，那么越无聊就越会去做它，比如玩手机、追剧、购物、玩游戏。这时你可以重新安排自己的工作和学习任务，把这些时间"吃"掉。

很多人失恋后变身工作狂，拼命工作，不让自己闲下来，其实也是同样的道理。没有时间想失恋的事，也就不会太伤心太难过了，时间一长，情伤就治愈了。

想要用其他事情来代替上瘾行为，需要注意以下几点。

一是找自己喜欢的事情。如果不喜欢，这件事情会让你更痛苦，你会本能地逃避，而逃避的方式，就是继续玩游戏或玩手机，反而会加重上瘾行为。

二是有人问你要结果。如果一件事情做得好不好，能否完成都没关系，你就会拖延。所以这件事情最好是有人问你要结果，比如到时间要给领导交代，到时间要给合作伙伴交代。结果即使没有人问你要，你自己也可以主动给。我每次制作新课程，都会跟员工说完成时间及招生时间。目的就是给自己一点儿压力，这样我就没有办法偷懒了，必须按时完成，不然员工会觉得我不靠谱，这是我绝对不能忍受的。

三是需要比较长的时间来完成。如果一件事情一两天就完成了，这么短的时间，很难戒掉上瘾行为，而且短时间做成的事情，也很难拿到比较好的收益，所以最好是需要长时间做的。

比如写作、绘画、烘焙、做自媒体等，既可以让你转移注意力，又可以让你多一份副业收益。很多学写作的学员反映，之前他们一有时间就刷短视频或追网络小说，还觉得自己挺忙的，一天到晚都没闲着。后来下定决心学写作，每天的业余时间被安排得满满当当的，又是听课又是找素材，根本没时间刷短视频了，他们发现自己的时间也够用，一天天积累下来，一个月能写十几篇文章。

前面我讲过记录时间日记，不记录的时候觉得自己一天到晚都在忙，根本不可能抽出时间做其他事情。但记录完发现，原来很多不必要的事情占据了太多时间。

只不过，做不同的事情，对时间的感知不同。做让你上瘾的事情，会觉得时间过得很快，刷3个小时短视频，可能心里觉得不过才十几分钟而已。其实，你完全可以多安排一点儿学习任务，让新的学习任务"吃"掉多余的时间，减少上瘾行为产生的"土壤"，很多时候，上瘾就不治而愈了。

每个人都有很多想学的知识，与其天天纠结要不要学、时间够不够用，不如直接安排起来。生活越充实，越不容易有上瘾行为。

3. 限制时间，降低频率

在戒瘾时，你是不是有这样的误区：觉得一定要完全不做上瘾的事才叫成功，一杯酒都不喝叫戒酒成功，一次手机都不看叫戒手机成功。

心理学上有个现象，人越压抑自己的渴求，越容易上瘾。我自己也经历过这样的事情。刚从老家搬到武汉时，可能是水土不服，我开始长时间皮肤过敏。在用药治疗的同时，我也会严格控制饮食，不吃发物。那个时节，正是吃小龙虾的时节，不管是新闻上还是身边人，都会反复提及它。其实我对小龙虾无感，属于吃不吃都行的人。但奇怪的是，因为皮肤过敏不能吃，我反而对它迷恋起来，每天都想着什么时候能吃一顿小龙虾呀，越想越觉得小龙虾美味。后来甚至觉得，所有的食物都没有小龙虾美味，不吃它人生都不完整了。在这种心理下，我实在控制不住，皮肤没好时就吃了一顿。以前不觉得它美味，那一顿却觉得它异常好吃，并且从此以后就爱上了它。再后来我皮肤痊愈了，可以自由地吃各种食物，还是很喜欢吃小龙虾，但再也没有那种"必须得吃"的感觉了。每年会在小龙虾上市的季节吃几顿，但也就仅限于此，不会心心念念想着它，更不会不顾一切地一定要吃到它。

不刻意压制欲望，用平常心对待，反而不容易被上瘾行为控制。很多事情，其实没有办法完全不做。拿看手机消息这件事来说，它跟工作挂钩，完全不看不可能，你要完全不看的话，很多沟通会变得困难。而且，人忙碌了一天，也需要适度休闲，需要了解这个世界的变化，需要看看新闻，也需要适当购物。如果一下子完全不看，一次都不碰，难度太大，也不现实，还会引起强烈的戒断反应，让你心心念念想着它，就像我有皮肤问题时想吃小龙虾那样。欲望太强烈，会让戒瘾变得困难重重，人和欲望做斗争，太消耗意志力了。

所以戒瘾时不要追求完美主义，不要想着一定要完全戒掉，只要有改善，不让它影响生活和工作，就算是成功了。我们可以从以下两个方面来做。

一是降低频率。我在戒咖啡时，就是从降低频率开始的。以前一天喝三杯，一下子完全不喝受不了，那就稍微控制一下，一天喝一杯。时间一长，就习惯了一天一杯。其实这个量已经正常了，但是我本身睡眠不好，喝了咖啡失眠很严重，不得不完全戒掉。后来改成两天一杯，一周一杯，到现在就完全不喝了。

如果你追剧容易上瘾，那么可以从每天都追，改成一周追一次，这样一来，你对它的兴趣就会慢慢减弱。而且，就算偶尔失控一下，也不会特别影响工作和生活。

二是控制时间。比如刷短视频，以前每天要刷三个小时，一下子完全不刷受不了，如果是工作需要就更是不能完全不看，但可以限制时间，从每天刷三个小时缩短到两个小时，再缩短到一个小时，最后慢慢把它变得可有可无。

孩子对玩手机上瘾，很多教育专家都会建议家长控制孩子使用手机的时间。不管是孩子还是成年人，这个方法都适用。控制时间，就能把上瘾行为的影响降到最低，并且慢慢淡化上瘾。不企图彻底不碰，只是限制时间并降低频率，这样改变不大，心理更容易接受，有点儿像温水煮青蛙，不痛苦，但一切都在慢慢改变。如果自己做不到，那么可以借助他人的力量，比如告诉家人，或者同住的朋友，让他监督你，当你超出时间时，他立即提醒你。

三、切断上瘾念头，快速戒瘾

找到了上瘾的原因，找到了解决方法，也做了全新的工作和学习安排，还限制了时间、降低了频率，是不是所有问题就都解决了呢？

当然不是，这么容易解决也就不叫上瘾了，你会发现，不管安排得多好，自己总是会在某个瞬间，控制不住地想要去刷短视频或玩游戏。明明说好了只看半个小时信息，却一看就停不下来；明明说好了一周喝一次酒，却每天都忍不住想喝。

你的手仿佛不听使唤，完全被上瘾所控制。这会让你无心做其他的事情，也会让你更加懊恼、失落。

这个时候，想那些宏大的目标和安排都不起作用，远水解不了近渴。不管安排得多好，这一刻就是控制不住呀，控制不住，一切就都是空中楼阁。接下来，我会分享一些简单、有效的方法，把你立即从上瘾的漩涡里打捞出来，实现快速戒瘾。

1. 强制切断法

我曾经对上网这件事上瘾，只要有网络，总忍不住一会儿看看新闻，一会儿看看别人的文章，一会儿看看微信消息。在写一篇文章之前，明明打开了 Word 文档，也告诉自己要一个小时写完，但总是忍不住同时打开多个网页。结果你应该猜到了，只要一打开网页，就会无止境地看下去，心里想着看半个小时就写文章，半个小时到了，又会想，看一个小时再写吧，正好凑个整点。一个小时到了，又继续往后拖。等到时间所剩无几时，终于想到了自己还没有写的文章。要么想着：算了，第二天再写吧，剩下的时间再看看新闻好了，反正时间也不够了；要么匆匆忙忙去写，但好久进不了状态，浪费了大量的时间，质量也堪忧。

这让我非常沮丧，常常觉得自己很差劲。我意识到这样下去肯定不行，但又实在控制不住自己打开网页的行为，怎么办呢？我决定在写作之前，先拔掉网线，手机也放在另一个房间，强行把可以上网的东西都切断。这样我只能老老实实地坐在电脑前。哪怕刚开始依然静不下心来，但没办法随手打开网页，再加上心里不断告诫自己：赶紧写文章！于是只能开始敲击键盘了。

一旦进入写作状态，也就不会再想上网的事情了，可以一鼓作气把文章写完。等文章写完后，心里满满的全是成就感，觉得一切都在控制中，对自己充满了信心。人在自信的时候，自控力是最强的，也不会想着再去看新闻、看消息了。因为自信本身就是一种正向反馈，可以让人获得快乐。

这个方法我在微信群里分享后，大家都觉得好狠，但他们尝试过以后，都说效果不错。不管是上网停不下来，还是喜欢一边写作一边上网的行为，都有了很大改变。人有时候还真的需要对自己狠一点儿。

有一段时间我还迷上了玩消消乐的游戏，玩得天昏地暗的，完全无心工作。早上到办公室后，写完一篇文章，其他不那么重要的事情就不想做了，赶紧拿出手机玩游戏，一玩就停不下来，半天的时间白白浪费了。连续很长一段时间都是如此，严重影响了工作，为了控制自己玩游戏的欲望，我干脆趁着失控后心存愧疚，直接把游戏卸载了。卸载的好处是，我想玩游戏时，没有办法立即开始，需要重新下载。但是，心里又会想：我不能下载，我要戒游戏。

不能及时满足，再加上一点儿自控力，也就不会再下载了，慢慢地把玩游戏忘掉了，很少再去想它。

我女儿上网课时总是忍不住用 QQ 聊天，老师稍不注意，她就立即切换画面。怎么教育都没用，她根本控制不住。后来发展到上课完全听不进去，作业也不会做，到了必须家长干涉的地步，我就直接把 QQ 卸载了。

效果真的很明显，她刚开始还忍不住在 iPad 上乱按，一两天后就不再乱动了，能认真听课，作业也会做了。我们之所以会对一件事情上瘾，是因为做这件事超级简单，伸手就能做，不需要动脑筋，而在做的过程中，大脑又会不断地分泌多巴胺，多巴胺会让人觉得快乐。

这么轻松快乐，当然随时都想去做，并且一做就停不下来。而现在，我们用强制切断法，一来，切断了自己随时去做的便利，不便利了快乐会打折,很多时候也就不想做了。二来,一直不间断地做一件事,大脑不断分泌多巴胺,快乐也就不会中断,对快乐的索取会永无止境。而强制切断法,就是把这个过程打断。就像一辆高速行驶的汽车,如果没有遇到障碍,它会一直高速行驶下去;如果遇到障碍,速度会慢下来,速度一慢,一切就变得可控了。

当你控制不了上瘾时,可以试试强制切断法。打乱上瘾的节奏,让它别那么唾手可得,别那么顺利。这个时候,你会重新拿回控制权。

2. 先等3分钟

每天吃完晚饭后,会有一段空闲时间,我总忍不住在这时拿出手机刷短视频,反正闲着也是闲着。本来想着,只刷一小会儿,只要了解最新的动态就好,但往往一刷就是几个小时,哪怕刷不出什么新意也很难停下来。结果就是想看的书没有看,也没有时间陪孩子,搞不好还会熬夜。

一晚上时间白白浪费了,不过是从拿出手机刷短视频那一刻开始的。当我意识到这个问题,下次再准备拿手机时,就会犹豫一下,跟自己说:等3分钟吧,如果3分钟后还有强烈的刷短视频的欲望,那时再去刷。

为什么要等3分钟呢?心理学上有个词,叫3分钟定律。生气的时候,冷静3分钟,你会发现,好像那股气慢慢淡了,这样会避免你冲动行事。说话之前,先等3分钟,在心里酝酿一下,说出来的话会好听很多。

说得再通俗易懂一点儿,就是人往往只有3分钟热度。在3分钟内，对一件事的热情像沸腾的水、像奔腾的马，排山倒海，势如破竹，拦都拦不住。但3分钟之后，热度逐渐降低，气势也没那么足了，自然容易拦截。这时，理性会占上风。

很多人都讨厌3分钟热度，它经常让人做事半途而废，不能长期坚持。但在戒瘾时，我们正好可以反向利用3分钟热度。

既然3分钟后，人不会那么冲动，欲望不会那么强烈，那我就等3分钟再拿起手机。3分钟而已，喝杯水看看窗外的风景，基本上就过去了，没有那么难熬。

神奇的是，3分钟后，我真的对刷短视频变得兴味索然了，觉得它很没意思，刷来刷去都差不多，纯属浪费时间。不如去读一本书，或者陪陪孩子。

我很喜欢这个方法，不但在戒瘾时用，在很多事情上都会用。比如说，跟人说话之前，我真的会思考3分钟，想想自己要说什么。很生气想找人理论的时候，也会停顿3分钟，3分钟后再决定要不要理论。看到一些不好的评论想怼回去的时候，停3分钟再决定要不要怼。先等3分钟，让一切都变得更可控了。

这个方法我也会用在孩子身上。女儿想玩游戏时，我会想办法拖几分钟，比如跟她聊聊天，让她给我帮个小忙。这样一来，3分钟后她也没那么想玩游戏了，给她安排新的任务，她也能接受。

在做上瘾事情的过程中，也可以试着停一停。比如正打着游戏，完全控制不住时，试着起身去倒一杯水，或者去上个厕所，把自己从游戏里抽离3分钟。3分钟之后，你可能会发现，玩游戏好像也没那么重要，不如去做点儿其他的事情，哪怕仅仅是早点儿睡觉。

当你强烈地想要做令你上瘾的那件事时，可以努力先停 3 分钟。3 分钟而已，性子再急的人也能接受。而当你真正地停了 3 分钟之后，做那件事的欲望也就没那么强烈了，这时自然很容易控制住。

做其他事情时需要快一点儿，做上瘾的那件事情时，尽量慢一点儿，再慢一点儿，越慢，事情越可控。

3．厌恶治疗法

美国心理学家斯金纳有一个著名的"强化理论"，这个理论被普遍用于儿童教育中。在这个理论里，有两个很重要的内容：一是正强化，二是惩罚。如果一个人的某种行为能得到奖励，这个行为就会被强化；如果某种行为会被惩罚，下次就不想再做。

比如说，你只要看书，身边的人都夸赞你，也能得到物质奖励，你就会越来越喜欢看书。但反过来，你只要看书就会被惩罚，会有某些方面的损失，你就越来越不想看书了。

本书前面的章节里面讲过，要不断给自己激励，这样会更容易自律。其实给自己激励，就是一个正强化的过程，你会越来越喜欢自律，越来越享受自律。现在我们想戒掉上瘾，让自己不喜欢上瘾行为，就要反过来，用惩罚。比如说，你可以给自己定个规则，玩一次游戏发 100 元红包，或者刷一次短视频捐 100 元，熬夜一次洗一次衣服。这些惩罚会让你有实实在在的物质或精力上的损失，也会让你产生痛苦。这种痛苦，又反过来让你对上瘾的事情心存厌恶，继而不愿意再去做它了。

在制定惩罚措施时，遵循以下两个原则。

一是惩罚内容让你痛苦。不管是金钱的惩罚还是其他惩罚，一定是让你感到痛苦的，如果觉得惩罚无所谓，就起不到作用。所以，你要舍得对自己下狠手。

二是有人监督。如果只是自己在心里默默定规则，很容易食言，反正也没人追究。所以最好跟身边的人说，让他们监督你，或者在群里广而告之。你一旦破戒，就会有人监督你完成惩罚内容。

我看过很多人把自己的规则发在微信群里，只要没做到就发红包，群内成员也会时刻监督，或者发在朋友圈里，让更多的朋友监督。把上瘾的事和痛苦的事绑定，只要一做那件上瘾的事，就要承受痛苦，慢慢会形成条件反射，想到那件上瘾的事，心里就觉得痛苦，会抵触，慢慢地就产生了厌恶心理，不再那么喜欢它了。

这个方法，也叫厌恶治疗法。

当然，想让这个方法有效果，最重要的是你自己要遵守规则，你不遵守，别人就算监督你，作用也有限。毕竟，这世上能让你改变的，只有你自己。除了定规则，用惩罚的方式把上瘾行为和痛苦的事情绑定，也可以在心里想想上瘾事件的坏处，并把这些坏处写下来，贴在可以随时看到的地方。

心理学上还有个现象，叫超限反应，意思是说，一个人接收到时间过长、强度过大、频率过高的刺激，神经细胞会处于抑制状态，让人产生极不耐烦的心理。

不耐烦是厌恶的基础，而厌恶是远离的基础。

四、打好保卫战，戒瘾不反弹

大多数戒瘾的人，都会经历 3 个阶段。第一个阶段，意识到上瘾行为对自己影响很大，下定决心戒瘾；第二个阶段，和上瘾行为做斗争，并且成功了；第三个阶段，在某个契机下，上瘾行为卷土重来，反弹了。

曾国藩在戒烟时，曾反反复复戒了 3 次。第一次，其实心里并没有那么想戒，所以戒了几天就重新抽上了；第二次，下定决心戒烟，还写了很多戒烟日记，可是一出门看见别人抽烟，又忍不住抽了；第三次，为了表明决心，他把价值不菲的烟杆都砸了，这次戒烟成功后，终生没有再抽烟。

反弹是很常见的表现，不仅包括戒瘾，很多事情都会出现反弹，最典型的比如减肥。而反弹的原因也多种多样。一种是情绪问题。人生不会一帆风顺的，每个人都会遇到或多或少的挫折，而这些挫折又会影响人的情绪。人在情绪崩溃的时候，很容易放纵自己，让自己获得短暂的快乐。曾经上瘾的行为可以带来快乐，还是自己熟悉的，很容易重新去做。另一种是环境问题。你所在的环境里，很多人都在做这件事，你也很容易忍不住去做。还有一种是心理问题。心理压力过大，或者总是焦虑，也容易让自控力失效，忍不住去做上瘾的事情。

戒瘾并不是一件容易的事情，如果成功了，就一定要打好保卫战，不要让上瘾行为出现反弹。接下来，我们根据这些反弹原因，运用相对应的方式，巩固戒瘾成果，让上瘾行为不再反弹。

1. 远离上瘾环境

你终于戒酒了，某天朋友喊你一起去聚会，你去了，发现朋友已经帮你点好了酒，并且会劝你说：偶尔喝一下没事的。盛情难却也好，觉得朋友说得有道理也好，你很容易喝下这杯酒。你戒掉了玩游戏，但是，身边的朋友都在玩，大家经常组局。别人都拿着手机，说着游戏里的专用语，你根本无心做其他的事情，会忍不住下载游戏，重新加入玩游戏的队伍里。

不要觉得只要自己意志坚定，就一定不受影响。人是环境的产物，身边的人都认认真真排队，你也会排队；身边的人都不排队，争着抢着往前挤，你也会挤。人都有从众心理。

孟母为什么要三迁？因为她发现，当他们家住在墓地附近时，送葬的队伍经常从门前经过，孟子就会跟其他小朋友一起，学吹喇叭，玩送葬的游戏。当他们的邻居是屠夫时，孟子跟着人家学杀猪。而当他们把家搬到学堂附近后，每天看着学生们读书，孟子也会摇头晃脑地读。

小时候父母不让我们跟坏孩子玩,其实也是同样的原因,总怕我们被坏孩子带坏了。事实上,交友不慎确实会让人走弯路。但是,大多数人不可能像孟母那样不停地搬家,只能在其他方面做文章。以下这些小改变,我们还是可以做到的。

不到会触发上瘾的环境里。

比如说,你戒了酒,朋友约你到酒吧小酌一杯,不要想着我就去坐一坐,坚决不喝酒,这要消耗意志力,太累了,也很容易控制不住。直接从源头上切断,如果方便换地方,就跟朋友换一个地方约会;如果不方便,就找个借口推掉这个约会。

不要不好意思,没有什么比控制自己的行为更重要。其实,朋友并非一定要到酒吧,可能以为你喜欢喝酒呢,也可能并非一定要约你。

其他事情也一样,比如朋友聚会一般都是玩游戏,那你尽量不参加这样的聚会。有事情可以单独聊,也可以约着做其他事,感情不会变淡的。

广而告之。

齐白石在戒烟时,专门写了一副对联:烟从水上去,诗自腹中来。这副对联既是告诫自己,也是告诉亲戚朋友,等于把戒烟这件事广而告之。让别人知道这件事的好处至少有两个:一是别人会监督你、配合你,比如知道你戒烟,就不会主动递烟给你,看到你抽烟也会提醒。二是对自己形成心理压力,毕竟别人都知道了,万一自己做不成,不是成为笑话了吗?但凡是真心的朋友,知道你在戒瘾,一般都会提醒,就算不提醒,也不会故意引诱你。故意引诱的朋友，可以少来往。这个方法还能帮你鉴别朋友呢。

短暂逃离原有环境。

有些上瘾环境在家里，搬家是解决不了的。比如玩游戏，只要有时间，就会躺在沙发上玩，不玩觉得无聊。我女儿就属于这种情况，她在家里时，只要作业做完了，就忍不住玩游戏或刷短视频。这也不怪孩子，在家不做这些她太无聊了呀。不管大人怎么管束，都很难控制。后来我就决定，只要她作业做完了，就带她出去，哪怕只是迎着阳光在马路上骑骑自行车，只要出了家门，她就不会想着玩游戏或刷短视频了，根本不用控制。

成年人也一样，如果你宅在家里容易玩游戏或刷短视频，那就尽量别宅在家里，事情做完了就出去散散步、逛逛街，或者跟别人聊聊天。不在那个上瘾的环境里，自然想不起来要做上瘾的事情。

改变环境。

除了远离上瘾环境，也可以尽自己所能改变环境。我女儿之所以对玩手机上瘾，很大一部分原因就是家庭环境，因为工作原因，我们大人在家基本都是抱着手机的，女儿受我们的影响，会理直气壮地认为：大人都能玩，我为什么不能！即使我们再三强调：大人抱着手机是在工作，但她坚决认为我们就是在玩。而且，到底是工作还是玩根本不重要，看到爸爸妈妈拿手机，她也会习惯性地拿起手机。她不到一岁的时候，我每天晚上的习惯还是看书，她学得也很好，一到卧室就拿起床头的书，把书当玩具玩。想要改变孩子，一定是先改变大人。后来我们尽量不在她面前拿着手机，还买了书陪她读，她也就不想着玩手机了。

对于成年人来说也是一样的，你所在的环境里，有哪些因素会促使你做上瘾行为，就改变这些因素。比如，一拿起手机就容易熬夜，就不要把手机带进卧室里，改成在床头放几本书；一看到酒就忍不住喝，家里就不要放酒，和酒有关的一切都扔掉或送人。环境是最容易被我们控制的，先从这里入手。远离了不良环境，上瘾行为就会自然消散。

2. 多想"我想要"，少想"我不要"

人越是不想要什么，就越容易想着它，继而越难摆脱它的控制。比如说，你不想让自己上瘾，反复地提醒自己，这件事反而一直保留在你脑海里，会时不时地想着。这个现象也被称为白熊效应。美国哈佛大学社会心理学家丹尼尔·魏格纳曾经做过一个实验，他告诉参与者不要想象一只白熊，不说还好，本来参与者也没有想过白熊，但他这么强调以后，参与者反而会控制不住地想象白熊。

在亲子教育上，专家也会反复提醒家长，不要跟孩子说"不要做"。比如，不要跟孩子说：好好做作业，别看电视！好好看书，别玩游戏！你能不能不玩游戏？孩子记住的就是：看电视、玩游戏。在戒瘾上，很多人担心反弹，也会反反复复地提醒自己：一定不要反弹，一定不要再去玩游戏或刷短视频了。这种提醒，看似是在坚定决心，但每一次提醒，其实都是对意志力的消耗，还会因为总担心自己做不到而变得特别焦虑。

过度焦虑，同样会消耗意志力，让人处于崩溃的边缘，一不小心就会放纵自己，重新去做上瘾的事情了。所以，不要总想着戒瘾反弹这些事,当它没有出现时,你就当它不存在;当它出现时,用前面的方法控制就好。

为了不胡思乱想,你可以把注意力用在自己想做的事情上,比如说,戒掉玩游戏以后,你开始学写作了。你不要天天想着怎么才能不再玩游戏,而应该想怎么才能把文章写好。把你全部的注意力,集中在想做的那件事情上,一遍遍强调自己想要什么,而不是不想要什么。

在《西游记》里,唐僧有强烈的欲望要取到真经,不管遇到什么挫折,他想的都是要到西天取经,他从来不想,怎么才能不遇到妖怪,或者怎么才能不被妖怪抓走。

有好多次,他要么遇到美女言语诱惑,要么被妖怪威胁要吃了他,他想的都是自己的取经大业。这让他有毅力抵挡一切诱惑和威胁。他如果天天想着怎么才能不遇到妖怪,吓都吓死了。而且想了也没用,你不想遇到就不会遇到吗?

人越是有强烈的"想要"的欲望,自控力越强。

因为"不想要"是负面的,"想要"是正面的,负面的想法会让人否定自己,让人变得不自信,继而减少意志力。而正面的想法会让人肯定自己,变得更自信,继而增加意志力。你可能会说,想法哪有那么容易控制呢?岂是想想什么就想什么的?人又不是机器。想要多想"我想要",少想"我不要",可以用以下这些方法:

写情绪日记。

自律达人曾国藩会在日记里自省,也会写自己的情绪,戒烟时他在日记里写道:乃以初戒吃烟,如失乳彷徨,存一番自怨意思。

此一恕,天下无可为之事矣。急宜猛省。说自己刚开始戒烟时,就像孩子戒奶,彷徨不安,瘾一犯,觉得只有抽烟是天下头等大事。不要小看日记,日记的力量非常强大。很多人写日记,都是以情绪宣泄为主,看上去乱七八糟的,但写完就觉得很舒服,情绪会得到疏解,这也是很多人爱上写日记的原因。

美国作家詹姆斯·彭尼贝克写过一本《书写的疗愈力量》,在这本书里他提到,当一个人想法太多而失眠时,把自己的担心和烦恼写出来,更容易入睡。

因为写出担心和烦恼以后,情绪被释放在纸和笔上面了,心里就轻松了,不会再想着这些事情了。

列工作清单,其实也有异曲同工之妙。一件事情如果不记录下来,人就会不停地想着它,因为本能地担心会忘记,记的事情越多,脑子的负担就越重,人也越容易觉得累。白纸黑字把它写下来,脑子就会卸下这个重担,会轻松很多。写情绪日记还有个好处,生活里遇到的那些压力,也能通过情绪日记疏散,情绪不失控,更容易戒瘾。

多投入新事件。

想要戒瘾,就需要重新规划生活,用新的事情来代替上瘾的事情,这样就没时间做上瘾的事情了。但是,这会有一个拉扯期,如果新的事情不是那么有吸引力,或者不是那么想要,可能你还是会忍不住逃离这件事,而去做上瘾的事情。我们要做的,就是让自己尽可能多地想这件新的事情,让自己对这件事的欲望越来越强烈。

想要做到这一点,就需要加大投入,投入更多的时间和精力,甚至投入更多的学费。你在一件事情上投入越多,就越想达到目标,

"我想要"的欲望也就会变得越强烈。而且，投入多就意味着注意力被更多地放在这件事情上，注意力更多，当然更容易想它，而不是想那件让你上瘾的事。

一个人的时间、精力和金钱投入在哪儿，是看得见的。而且投入越多你越不会轻易放弃，有沉没成本啊。就像恋爱一样，你在一个人身上投入那么多，自然越来越喜欢他，越来越多地想到他。在另一个人身上投入得越来越少，感情自然也就越来越淡了，想他的次数更是屈指可数。

另外很重要的一点是心态要放松，不要太紧绷，不要一副如临大敌的样子，越轻松，越容易自律。上瘾不是多致命的事情，但也不是多美好的事情，所以我们最好从源头上杜绝。比如说，对于一些容易上瘾的事情，不要因为好奇或压力大就去尝试，不给自己机会上瘾，生活会少很多麻烦。

"

第 4 章

为什么你总是拖延

很多人喜欢拖延，他们对手头的事情不是做不好，而是不去做，这是最大的恶习。

——比尔·盖茨

比尔·盖茨在上学的时候，就有拖延的习惯。他喜欢让别人觉得他不努力也可以很优秀，所以他很少去上课，装作对一切都满不在乎的样子。在考试的前两天，他才开始抓紧时间看书。但是，当他成为商人以后，发现这是一个非常不好的习惯，没有人因为他最后一分钟做完事情而赞扬他。相反，这只会让人觉得不放心。因此，他花了很多时间来改变这个习惯。其实，大多数人或多或少都有拖延的习惯。以下这些情形，看看你有没有。

1. 本来说好了这个月看完一本书，可马上到月底了，一页还没有看。最后，看书这件事不了了之。

2. 明明时间很充足，可就是不愿意行动，一定要把事情拖到无法再拖，才匆匆忙忙开始做。时间不够用，只能加班熬夜，或者敷衍了事。

3. 本来想刷考试题，但一坐下来便开始翻看闲书，一本书翻完了才发现考试题一道没刷，而距离考试时间已经越来越近了。

以上这些情形有任意一个，并且不止一次这样，就说明你有拖延的习惯。我见过很多有拖延习惯的人，他们都对这一习惯深恶痛绝，因为太影响工作和生活了。首先，它会让你无法按时完成该做的事。这会影响后续的计划，也会影响你得到更好的结果。其次，它会让你看起来不靠谱。如果你做事总是拖延，无法在规定时间内完成，那么别人是不放心把重要的事情交给你去做的,因为担心你会误事。这个结果,比事情做不好本身影响更大。再次,它会影响你的情绪。事情做不完,最痛苦的人一定是你自己,你会懊恼、会沮丧、会对自己失去信心,也会感到焦虑。

拖延一时爽,事后"火葬场"。你拖着不做的那些事情,不会有人帮你做。越拖,你所承受的压力就越大;越拖,事情就越容易失控。所以,你要行动,并且尽快行动,这样才能拥有更多的主动权,而不是被动地等待命运的宣判。

接下来,我们来了解拖延习惯形成的深层原因,以及怎么才能不再拖延,让自己变成一个行动派,井井有条地完成该做的事。

一、养成拖延习惯的深层原因

每个人做事拖延的原因不一样，但有一点是相通的：凡是有拖延习惯的人，都会感到焦虑。我曾经在直播间，让学员把自己做事拖延的原因写出来，比如，你明明说好了要看书，但一直拖着没看，到底是为什么？

答案五花八门：有人说没时间；有人说觉得看了也没什么用；有人说太枯燥了，看不下去……

所以你看，不是人们天生就有做事拖延的习惯，而是因为要做的这件事情有各种各样的问题。这些问题阻碍了你的行动。只是，很少有人会认真分析自己到底为什么做事拖延，而是习惯用一句"我有拖延的习惯"来解释一切。你可能会说："我就是有拖延的习惯嘛，不管是什么原因造成的，反正就是做事拖延，为什么一定要找原因呢？"只有找到原因，才知道问题出在哪儿，才能对症下药，这样我们才不会莫名其妙地焦虑，不会莫名其妙地否定自己。一般来说，一个人养成拖延习惯的原因，无非就是以下5种。

1. 不喜欢 / 不认同

我自认为没有做事拖延的习惯，任何事情都会提前完成，那样才有安全感。但是，有一次我要参加一个考试，需要看教材，那个教材真的太枯燥了，我极度讨厌，一点儿都不想看。我把教材翻开，看了大概一两页吧，实在看不下去了。但是距离考试所剩时间不多，我把其他的工作都停掉了，这段时间就只用来备考。备考就备考吧，看教材累了歇一会儿总行吧？我站起来，走到书架旁，随手抽出一本书。那本书在书架上放了半年了，一直没有看过，说明我并不那么喜欢，也不是很需要。

不可思议的是，我本来只是想歇一会儿才随手翻一翻的，并没有打算仔细阅读那本书，但结果就是我站在书架旁，不知不觉地把那本书看完了。这让我意识到，我一直拖着不肯看教材，不是因为我有做事拖延的习惯，而是因为不喜欢，但又不想浪费时间，那样会更有罪恶感，所以干脆做其他的事情，把时间填满。至于这件替代的事情是什么，根本不重要，只要不是看教材就行了。

很多人在做一件事情时拖延，但人并没有闲着，一直在忙着做其他的事情，其实就是因为不喜欢这件事情。还有一种情况跟不喜欢类似，那就是不认同。比如说，人人都在强调读书的好处，但你并不认同，自然就没有动力读书。领导安排给你一项任务，你不认同，觉得完全没必要做，心里自然充满了抵触。对于不喜欢和不认同的事情，人会本能地逃避，因为做这些事情实在是太痛苦了！谁想积极地尝试痛苦呢？当然是能拖就拖，拖不过去再说。

我们前面也提到，做自己喜欢的事情很重要，如果一件事情既没那么重要，又不喜欢，那就不要去做。但是，既不喜欢又很重要的事情，还是要克服困难去做的。具体的方法我们后面会讲到。

2．不好做

如果一件事情很好做，那么没有人愿意拖着不做，比如发朋友圈，或者回复一条很平常的消息。能轻松搞定的事情，做起来就会非常愉快。但是有些事情做起来有难度，就不想开始。比如说，从来没有写过文章，现在让你写一篇；从来没有做过PPT，现在让你做一份。我曾经给办公室的小伙伴们布置过一项任务，让他们每周写一篇文章，不会写没关系，可以找我讨论，写得不好我也会给出修改意见。其他的工作他们都完成得很好，也不会拖延，但是写文章这项任务很多人都拖，需要我不停地催促。我刚开始不太理解，他们来公司上班时都表达过，之所以来这里工作，其中一个很重要的原因，是因为他们喜欢写作，也希望能在这里把文章写好，以后可以做自由写作者。现在给了他们这个机会，为什么却要拖延呢？后来我一问才知道，他们不是不想写，而是觉得有难度，产生了不知道写什么、写出来自己不满意等诸多情绪，即使我给出了修改意见，他们也觉得很难。

人都有畏难情绪，如果一件事情对你来说比较难，你就会把它放在一边，先做不那么难的事情。而你之所以觉得某件事情难，有两个原因：一是没有做过，不知道如何下手，也不知道流程是什么；二是知道流程，但能力暂时达不到，做起来比较困难。

经常有学员跟我说：小小老师，我想写作，但就是下不了笔怎么办？我会毫不客气地指出来：你不是下不了笔，你只是畏难。小学三年级我们就开始写作文了，怎么可能下不了笔？你之所以不下笔，只是觉得下笔有困难，不能轻轻松松一气呵成写一篇好文章而已。但凡你硬着头皮写，就一定能写出来。

凡事做得越多越熟练，越熟练也就觉得越容易。而一开始，几乎都是难的，如果畏难，一生都无法成长。

3. 怕结果不好

这也是非常典型的养成拖延习惯的原因。我上中学时的同桌，平时不好好学习，拖到考试之前，才匆忙翻几天书。但她的考试成绩并不差，当然起伏也大，有时候中等，有时候能排进前十。有一次她的成绩在全班排到第六，一下子就被封"神"了，因为大家觉得她好厉害呀，平时都不读书的人，临考前读一读，居然能考到第六名，比天天读书的第一名强多了。我就是那个在学习上从不拖延天天读书的第一名，大家觉得我的成绩都是用努力换来的，一点儿都不酷。我也跟同桌讨论过，她明明那么聪明，临考前读书都能考第六名，为什么不再努力一点儿，争取稳在前三名呢？她答得比较委婉，但意思是：如果天天都很努力，但是考不好的话，别人不是会觉得她很笨吗？

说到底，其实就是怕努力了结果不好，所以干脆不那么努力，这样就算结果不好，别人也不会觉得她是差生，不会觉得她笨。

后来我教人写作，发现很多人在写作时也会拖延，理由也是担心写不好，担心写了发表不了，辛辛苦苦忙了半天，最后却一无所获，那不如干脆拖着不做。

总体来说，担心结果不好，主要担心两个方面的结果：一是付出了没有收获，或者收获不如预期；二是失败了怕别人笑话。总结成一句话就是：既怕对不住自己，又怕他人的眼光。

因为担心结果不好，所以不做，但不做就永远不会有结果，这真是一个怪圈。我们只有打破内心的惧怕，才能尽快行动。

4．时间预估不准

我女儿就属于这种情况。不管有多少作业，她从来都不慌。我催她尽快做，她会说："明天才交呢！"等拖到后面才发现，自己留的那点儿时间，根本就不够完成那些作业。只能熬夜做，或者写得超级快又超级烂。这种情况就属于对时间预估不准。

很多成年人也有同样的问题，觉得一项工作很快就能完成，于是一直拖，等后面真正去做的时候才发现，留的那点儿时间根本不够。我们有时候对自己过于自信，或对所做的事情认识不足，就会出现这种情况。如果能吸取教训还好，最怕的是不长记性，下次依然如此，久而久之，就养成拖延的习惯了。

本章后面的内容，我会帮大家分析如何更好地规划时间，如何在规定时间内保质保量地完成工作，而不是想当然。

5．事情太多

有读者在我的公众号后台留言，请教时间管理问题。他说自己最近太忙了，同时做了好几个项目，每天都很焦虑，不知道从哪儿下手，导致项目一拖再拖，眼看快要完不成了，问我有没有好的解决方法。

在某一个时间段内，同时要做的事情太多，这也想马上做好，那也想马上做好，千头万绪，反而不知道如何下手了。这种情况，我自己也遇到过很多次。比如说，这个月要写书稿，要制作课程，要做公司活动，还要写广告文案……这么多件事情，头简直要"爆炸"。

很多人想读书，总说没时间，更具体的原因是那段时间要做的事情太多了，所以没有时间读书。前面讲过，在一个阶段内，做的事情最好不要太多，因为同时做的事情太多，会大量消耗人的注意力，人会感觉特别累。仅想想有那么多的事情要做，我们都会觉得"生无可恋"。

如果再不会合理规划，这些事情就会成为一团乱麻，我们根本不知道从哪儿做起。都不知道从哪儿做起了，我们自然会一拖再拖，哪怕心里不想拖，也会被动拖延。如果事情太多，我们就应挑最重要的那一件先做，其他的往后推。

当某个月同时要制作课程和写书稿时，我会做一个权衡，看哪一件更紧急，就先做紧急的那一件，做完了再做另一件。这样看起来好像不够高效，但我最终把课程和书稿都完成了，并且质量都很好。

上述内容就是对拖延习惯形成的 5 种原因的介绍。当然，大多数时候，可能每种原因都会存在，有时候还会同时存在好几种。接下来的内容，我们会"稳、准、快"地来解决这些问题。

二、目标越明确，越不容易拖延

如果没有目标，人就像无头苍蝇一样，忙忙碌碌却一无所获，或者得到的根本不是自己想要的。如果你有拖延的习惯，那么更要有明确的目标，不然会有无数个借口不行动。不过，很多人虽然有目标，却都过于笼统。目标太笼统，与没有目标差不多，因为你完全不知道到底要怎么实现它。我们要做的，就是把笼统的目标变得很具体、实操性强，任何人看了都知道要怎么操作。那具体要怎么变呢？

1．明确目标

想做一项副业，这只是想法，不是目标。你需要将这个想法进一步细化，把它变成具体的目标。如果不知道怎么细化，可以问自己以下3个问题：

第一，我想要达到什么样的效果？

你想做副业、想写作、想看书，最终想达到什么样的效果？是纯粹想娱乐，是因为感兴趣要陶冶情操，还是单纯想变现？答案不要太多，如果有多个答案，挑其中你觉得最重要的一个。比如，想写作，希望可以赚钱，可以陶冶情操，可以让自己变得更善于思考，可以让自己更快地成长，可以变得更有气质。

想要的太多，步子就不知道该往哪儿迈。你要在这些答案里确定一个，比如你可以确定，你想靠写作来赚钱，那其他的如陶冶情操之类的都靠边站。当然，能同时达到更好，达不到也没关系。读书也一样，你希望通过读书达到一个什么样的效果呢？是增长智慧，是解决职场问题，还是学会和人沟通？

这一步很重要，有些人既想靠写作来赚钱，又想用它来记录生活。然后就经常纠结：到底应该写赚钱的文章呢，还是随意记录一下生活呢？纠结来纠结去，觉得怎么做都不满意，怎么做都会陷入精神内耗里，最后干脆不了了之。

很多人不知道读什么书，也是同样的问题，不知道自己要通过读书达到什么样的效果，只是本能地觉得要多读书，所以常常迷茫，继而拖着不读。人只有朝着一个方向努力，才能走得更快，也更清楚要怎么走。

第二，怎样才能达到这个效果？

你知道了自己想要达到的效果，比如想靠写作来赚钱。现在你要想一想，怎么才能达到这个效果。因为靠写作来赚钱，依然不够具体，你还是不知道要怎么做。

想要知道怎么才能达到这个效果，你需要了解这件事情的赚钱逻辑。了解的方法也不难，找专业人士咨询，或者在网上搜别人的分享，或者阅读相关的图书。通过这些方法你会知道，写作有很多种赚钱方式，比如投稿、做自媒体、接单等。同样地，从中挑出一到两种方式你觉得自己可以做的。比如你觉得自己可以做自媒体，也可以投稿，那就选择这两种。

好，现在你的目标越来越明确了，你要靠投稿和做自媒体来赚钱。其他事情也是一样的，比如你想学 PPT，那么想达到一个什么样的效果呢？用它赚钱还是提升工作能力？如果是为了提升工作能力，那么怎么做才能提升工作能力呢？自然是掌握在学习工作中需要用到的那些技巧。这样你的目标就很明确了，掌握在学习工作中需要用到的 PPT 技巧，让它提升你的工作能力。

再举个例子，领导给你安排了一个新任务，让你负责公司的新媒体运营。你要明确，这件事需要达到什么样的效果，然后思考怎么做才能达到这样的效果。比如想达到的效果是为公司做宣传，那就需要发布一些宣传公司的文章，并且尽量多涨粉，让内容覆盖到更多的人。

第三，什么时候达到这个效果？

最好给自己一个时间期限，不然就会无限地拖下去。比如说，靠投稿来赚钱，你打算用多久？想让公司的新媒体达到宣传的效果，你打算用多久？不要说时间越短越好，那样只会让你焦虑。你要根据自己的时间、能力正确地去评估。比如，正常来说，写作 3～6 个月可以变现。而你时间少、基础差，可以给自己 6 个月的时间，每个月保证至少写 5 篇文章。公司的新媒体想要达到宣传的效果，需要保持一定的更新频率，也需要有粉丝。对过往的涨粉数据和创作难度进行分析，预计 3 个月涨粉 1000 名，一周需要更新 3 次。

这样目标就更明确了，不仅有具体的内容，还有实现的时间，也能最大限度地避免拖延，因为拖延了就不能按时完成目标了。但凡对自己有一点儿要求，你都会想办法在规定期限内完成目标。而且，有了时间期限，人确实会更有紧迫感，这种紧迫感会让人充满斗志。

如果你觉得以上几个问题太笼统，现在我们把它列成表格，可以直接按表格填写，这样更直观。

事　件	想达到的效果	如何达到	时　限	具体安排
写作	写作变现	投稿	6个月	每个月至少写5篇
新媒体	宣传公司	涨粉、推送宣传内容	3个月	预计涨粉1000名，一周需要更新3次
读书	学会沟通	看沟通类图书	3个月	每周1本

2．拆解目标

以上所说的目标，只是一个大目标，大概知道要怎么做了，但它依然是一个很庞大的工程。比如用6个月的时间实现投稿赚钱，每个月至少写5篇，它确实很具体了，但是要怎么做呢？接下来就需要拆解目标，把达到目标需要的每一个步骤都确定下来，这样才能真正开始。我们依然以投稿赚钱为例，想达到这个目标，需要以下几个步骤。

第一步，学会写。

第二步，收集投稿资源。

第三步，研究平台调性。

第四步,按要求写文章。

第五步,把文章发到编辑的电子邮箱。

想要靠投稿来赚钱,基本上就是这几个步骤,第一步要学会写,写都不会写怎么能投稿呢?第二步要知道有哪些平台收稿,不然写了稿子也投不出去。第三步要研究一下这些平台需要什么样的文章,做到心中有数,这样才能保证写的稿子符合平台要求。第四步就是按平台的要求写文章。第五步,把写好的文章发到编辑的电子邮箱。

这样一拆解,你是不是马上就知道该怎么做了?先学会写,这一步的学习方式有很多种:看书、自己摸索等。最好确定下来自己用哪一种方式,不然仅仅"学写作"这一项,就会让很多人纠结。

在学习写作的同时,你可以收集投稿资源,在网上搜、向别人要或购买,都可以。现在也有很多账号专门收集别人的征稿函发在自己的账号上,比如我有一个公众号"汤小小轻松高效写作",每天都会发征稿信息。通过这些方式,收集大量投稿资源,然后从中挑选适合自己的平台。锁定了合适的平台后,多去看平台上的文章,看这些平台大多选用什么类型的文章,是情感类还是历史类?是育儿类还是美妆类?情感类是写婚姻方面还是写恋爱方面?这些了解清楚了,你就知道什么样的文章容易发表了。

再举个例子,你要出一本爆款书,很多人都有这个打算,但一直拖着不行动,大多数时候就是不知道从哪儿做起。我们同样可以拆解一下步骤。

第一步,确定选题方向。

第二步,和编辑沟通。

第三步，写好目录和样章。

第四步，签约。

第五步，写书。

第六步，书上市后宣传。

这样一拆解你就知道了，先确定一个方向，一件很复杂的事情立即变得容易上手了。对于容易上手的事情，人更愿意立即行动，而不是拖着不做。

再举一个生活中大多数人都会遇到的例子，比如你要搬家，一想到这件事就"好头疼啊"，觉得工程量浩大，完全不知道从哪儿下手。我们同样拆解一下步骤。

第一步，找房子。

第二步，收拾东西打包。

第三步，找好搬家公司。

第四步，确定搬家时间并准时搬家。

第五步，搬家后东西重新归置。

把步骤列出来，就有了头绪，知道怎样一步步去解决问题，而不是干着急却迟迟没有行动。当你不知道一件事情如何开始时，可以拿出纸和笔，把你想到的步骤一个个写下来，然后合理安排这些步骤，一个个去做就好。一般来说，每一个步骤都有很多种解决方法，尽快确定一种，不要纠结，这种行不通立即换另一种。哪怕走一些弯路，也比拖着不行动强百倍。

三、计划越清晰,越不容易拖延

有了目标,你知道每一件事情应该怎么做了,但是,依然会因为种种原因拖着不做。比如说,本来需要一个月才能完成的事情,你以为一周就能完成,于是一直拖着不做,直到最后一周才开始;同一时间要做的事情太多,做不过来,于是拖着不做;不喜欢做,想要逃避,于是拖着不做;有目标、有步骤,但就是觉得拖一拖也没事……

有些人每年或每月都会定目标,但一年或一个月下来,目标还躺在那里"睡大觉",根本没有完成,甚至都没有开始做。所以,光有目标还不够,我们还需要有清晰的计划,用计划来指导自己的行动,这样才更清楚什么时候该做什么,而不是想做就做,不想做就拖着不做。那么,计划要怎么制订呢?

1. 用好计划清单

当你做事缺乏条理性,无法合理安排时间,不知道如何下手做事情的时候,列清单准没错。特别是在刚开始做一件事情,或者这件事情比较复杂时。因为对新事情本来就不熟悉，而复杂的事情步骤又多，二者都会让人不知所措，不知道从哪儿下手。提前把清单列好，不但让你清楚地知道每天要做什么，也能减少内耗，让整个人变得更轻松。

如果一件事情做得很熟悉，自己完全能掌控，也基本不会拖延，则不必详细列清单。我自己每次做新事情时，都会列两个清单。

列一个初步清单，就是大体规划一下每个步骤什么时间完成，如果需要其他人配合，还会确定需要谁配合。比如说，要制作一门新课程，按照前面拆解目标的方法，我会将制作课程拆成以下几步。

第一步，确定课程方向并写好课程目录。

第二步，写好课程大纲。

第三步，写每节课的逐字稿。

第四步，录课。

第五步，剪辑。

第六步，招生并开课。

第七步，运营。

以上只能算是一个明确的目标，但是每个步骤具体有哪些事情需要做、什么时间做完、由谁负责……这些问题还不是很清晰。这样你会发现，这个课程可以3个月制作完，也可以半年制作完，甚至可以一年制作完，随便哪个环节拖一拖，完成时间就不确定了。所以，我们要根据个人的时间、精力及能力，评估一下每个步骤的完成时间，以及每个步骤的细节和注意事项，具体可以用下面这个表格来记录。

事　　件	完成时间	负责人	协助人
课程目录	2月底之前	汤小小	小文负责一个类目
课程大纲	3月底之前	汤小小	小文负责一个类目
逐字稿	5月底之前	汤小小	小文负责一个类目
录课	6月底之前	汤小小	无
剪辑	6月底之前	小汤宝	一妹协助检查错漏
招生	6月20日	汤小小写文案并直播	一妹做海报及宣传
运营	课程期间	汤小小答疑，一妹运营	小汤宝、小文点评

　　如果觉得表格麻烦，那么直接用文字简单记录也行，我一直提倡把一切程序简单化，千万不要为了列清单，又去学习制作各种表格。我把表格做出来，主要是为了给大家提供思路，至于形式，自己觉得怎么方便就怎么来。

　　有了上面这个清单，你会发现每个步骤都卡得很严，不管有多少人协作，都要在规定时间内完成，这样整个项目最后就能如期完成，而不会一拖就是半年或一年。但是，现在还不够，有了步骤，怎么保证每一步都能按期完成呢？这个时候，我们需要把初步清单再细化。比如说，3月底之前完成课程大纲，5月底之前完成逐字稿，也就是说，有两个月的时间来写逐字稿。这两个月要怎么安排才能保证任务一定就能完成呢？我们这个课程总共有32节，两个月写完逐字稿，也就是一个月要写16节课，每周要写4节课。每节课字数在10 000字左右，我自己的速度是每天可以写10 000字，但是因为中间还要写公众号文章、拍视频等，并不能保证全天都有时间写。所以，我计划每周每个工作日的下午写5000字，其中一个下午做其他事，这样一周我能利用的时间有4个下午，可以完成2节课。为了赶进度，周六和周日加班，这两天没有其他杂事，每天写1节课，一周正好可以完成4节课。

这样一规划就很清晰了，周一到周四下午每天写5000字就好，周六、周日加班。我还是做了一个表格，这样看得更清晰（以4月份为例）。

4月						
一	二	三	四	五	六	日
				1	2 第1节课	3 第2节课
4 第3节课	5 第3节课	6 第4节课	7 第4节课	8	9 第5节课	10 第6节课
11 第7节课	12 第7节课	13 第8节课	14 第8节课	15	16 第9节课	17 第10节课
18 第11节课	19 第11节课	20 第12节课	21 第12节课	22	23 第13节课	24 第14节课
25 第15节课	26 第15节课	27 第16节课	28 第16节课	29	30	

如果你的时间跟我一样规律，也可以不用表格，简单规划一下就好；如果你的时间不规律，每周可以利用的时间都不一样，每天可以利用的时间段也不一样，为了避免错乱，还是建议好好地列一下详细的日程清单。如果条件允许，我建议让时间规律一点儿，这样会形成条件反射，到那个时间就想着去做这件事，更不容易拖延，人也会相对轻松。

每件事情都会有很多步骤，每个步骤都可以按上面的方法去做，列一个初步清单，把完成时间、负责人等确定好，然后列一个日程清单，把每天要具体做什么规划好。这样一来，每天按照规划操作就好，再也不会像无头苍蝇一样，心里干着急却不知道如何行动。

2. 让计划更合理

有些人会列详细的计划，但前几天做得很好，做一段时间就失控了，发现自己根本做不完，这时候容易破罐破摔——反正做不完了，干脆逃避一下，拖一拖好了。结果这一拖，就是无限期。所以在列计划时，我们要注意以下几个问题。

评估完成时间。

很多人一想到要做一件事，心情就特别急迫，恨不得马上做好，所以完成时间定得特别紧。比如说，想学会写作，想涨 10 000 名粉丝，时间限定为一周。不要说一周，就是一个月，这都是比较难的。这样定完成时间，除了让你焦虑和充满挫败感，基本上没什么其他作用。

怎么评估一件事情什么时候能完成呢？首先，看看自己每天可以给到它多少时间。比如说学写作，每天花 5 个小时和花 1 个小时，效果肯定不一样。其次，看看自己的效率。如果是做过的事情，可以根据以前的数据评估。如根据以前的经验，我一天可以写 10 000 字，这个数据就比较精准。如果是没有做过的事情，可以大概估算一下时间，然后适当放宽一点儿。你还可以想一想，中间会不会遇到一些困难？这些困难也需要花时间来解决，如果困难多，那么可以把时间再拉长一点儿。

时间别填太满。

除非你执行力很强，不然尽量不要把所有时间都填满。比如说，每天都写一篇文章，就算时间上顾得过来，精力上可能也不太够用，就算精力够用，心情也会受影响。我们不能把所有时间都填满，一定要注意劳逸结合，不然会因为太累而得不偿失。

我前面给大家举例的制作课程，其实当时时间很紧，为了赶进度，我把周末的时间都利用上了，但是，那个月我还是留了一天的休息时间，每周的工作日也留了一个下午。这个下午，可以处理一些积压的必须完成的工作，或者是一些临时事件。如果你把时间填得太满，中间有一点儿变故，事情就没有办法按时完成，这会很影响心情，让你觉得沮丧，觉得一切都变得不可控。

一段时间只做一个步骤。

不要想着一下子把所有步骤都做完，尽量一段时间只做一个步骤。比如说，想制作一个课程，先好好写课程目录，课程目录没问题了再写课程大纲，课程大纲没问题了再写逐字稿。做这个步骤的时候，先不想下一个步骤，这样等于每个阶段你只做一件不太复杂的事，难度会大大降低，更容易行动起来。很多人之所以越做越焦虑，就是因为做这一步想那一步，恨不得所有步骤一次性完成，结果就把自己逼崩溃了。不要太着急，按照步骤一步步来，反而是最快的方式。

注意到了以上这些方面，你的计划将是一个合理的、适合你的计划，到这里，基本上可以改变一半的拖延习惯了。

四、结果越可控,越不容易拖延

很多人有了计划也不愿意行动,还有一个很重要的原因是,担心结果不好。一想到辛辛苦苦做那么久,没什么好结果,就没有动力了。担心结果没问题,因为每个人都会有这种担心,人天生追求安全感,会对有可能的损失充满警惕。但是,一定不能因为担心而天天想东想西,无限内耗,一事无成。

我们要做的,是想办法让结果变得可控。如果结果在可控的范围内,且不会因为做不好一件事而拖累自己的工作和生活,结果即使不好,也没有那么可怕。

1. 把结果具体化

越是未知的、模糊的,就越让人恐惧。很多人担心的结果,其实都是模糊的,比如万一我做不好怎么办?

这个担心就是很模糊的,因为做不好有很多种具体的后果,有些后果并没有那么吓人。但因为你想得太模糊,一模糊就容易把后果放大,自己把自己吓倒了。

为了不被模糊的结果吓倒，我们要做的第一步，就是拿出纸和笔，把一件事情可能出现的各种后果都写出来，然后考虑哪些结果是自己能接受的，哪些结果是自己不能接受的。如果结果都能接受还有什么可怕的呢？如果不能接受，要想一想有没有解决方法。如果没有好的解决方法，那就权衡以后再做选择。我给大家列出下面这个表格。

事 件	好结果	坏结果	损 失	能否接受
写作	每月稳定赚钱	不能赚钱	浪费了时间和金钱	能
看书	学到知识并赚钱	完全没用上	浪费了时间和书钱	能
跳槽	拿到更高的工资	对新工作不满意	半年工资	不能

其实我们主要看坏结果，因为好结果人人都喜欢，没什么好纠结的，更不会害怕，让我们害怕的，往往都是坏结果。比如跳槽，如果一切顺利，跳到新公司后可以拿到更高的工资，有更好的发展。但也可能我们对新工作并不满意，不但发展机会少，说好的高工资也没有兑现，需要重新再去找工作。如果出现这种情况，那么至少要损失半年的工资。这个结果和损失是不是很具体？那就想一想，自己能接受吗？能接受就立即去做，不能接受就放弃。

如果不确定，就很纠结，不知道该继续还是该放弃，那就权衡一下，看自己是不是足够想要那个好的结果。坏的结果虽然让人不爽，但也不至于影响工作和生活。你愿意为了好的结果，承受万一失败的后果，那也没什么好纠结的，选择做就可以了。

一定要记住，人生从来没有百分之百确定的事，也没有任何一件事不需要承担一点点风险。如果你只想要好处，坏处一点点都不想要，那么注定了会犹豫和纠结，也会拖延、拖延再拖延。这一步看起来很简单，但是只有把结果明明白白地写出来，你才能更加确定，最坏的结果也不过如此，以及自己完全可以接受。

从目标到计划再到结果，每一步都要尽量的具体、具体再具体，这是避免拖延的良方，也是减少内耗的良方，会让你忘掉那些感性的烦恼，变得更加理性。

2．设置投入额度

把结果具体化以后你会发现，有些事情的损失其实不那么确定。比如创业，损失 10 万元你可能愿意接受，但损失 100 万元，你就没有办法接受了。这个时候要怎么办呢？我们可以通过设置投入额度的方式，减少风险。

首先，可以少量投入，小范围试错。

拿创业来说，不要一开始就找大办公室，大量招人，可以少做一些项目，投入也尽量少一点儿。我当初创业就是在自己家里，刚开始什么都是自己一个人干，这样几乎不要成本。后来需要招人，就先招了两个兼职人员，也不用提供工作场地，大家都是线上沟通，成本依然很可控。再后来，两个兼职人员不够，又多招了几个兼职人员。慢慢发现兼职人员有局限性，需要一些全职人员，于是我租用了办公室，开始招全职人员。刚开始的办公室是租用了一间公寓，一个月租金才两千多元。全职人员也只招了两个人，随着工作内容的增加，才慢慢增加人手的。

我并不是一个很喜欢冒险创业的人，但事情推着我一步步往前走，这样反而可控。就算失败了，损失都在可控范围内。在创业的过程中，我看到过很多人大量投入，确实也赚得多。但是，我觉得自己承担不了太多的损失，所以一直稳扎稳打，少量投入，宁愿少赚一点儿钱，也要让结果可控。如果你和我一样，接受不了损失太大，那就少量投入，做成了再慢慢扩大。虽然这样会慢一点儿，但对你来说是安心的，是敢放手去搏的，不内耗，反而更容易有一个好结果。

其次，可以设一个止损额度。

比如，你想学习写作，但是害怕万一失败了，时间和金钱都浪费掉了。那你想一想，自己最多能接受损失多少时间和金钱？在这个范围内尽情去做，超过了还没有成功，那就止损，不做了。这个额度，一定要在自己能力范围内尽量大一点儿，额度太小，就会早早放弃，而很多事情，是需要坚持到一定程度才有好结果的。如果你只能给自己一个月的时间、1000元的额度，大概率上，你会失败。因为额度太少了，不经花。我自己当初全职写作时，给了自己一年时间，如果一年毫无起色，不能靠写作赚到钱，那我从此不再想全职写作这件事，安安心心工作。至于钱的额度，因为写作本身也花不了多少钱，所以没设额度，在能力范围内，该买书买书，该买软件买软件。写到第4个月的时候，我有点儿动摇了，觉得自己好失败，坚持了4个月都没有成绩，是不是可以找个班上了？但想到自己早已设好了止损时间，那就再坚持一下，好歹把一年坚持完再说。结果在第8个月时发表了100篇文章，此后就一发不可收，每个月都可以发表100篇以上的文章，一年发表了1400篇文章。

所以，时间和金钱的额度都尽量设得高一点儿，有这个额度在，我们不会过早地放弃，也不会无止境地耗下去。这样一来，结果就变得更可控了。结果如此可控，我们还有什么可怕的呢？

五、执行越到位，越不容易拖延

有了具体的目标和计划，结果也想好了，但你可能还是会拖延。而你之所以会拖延，无非是以下这些原因：
- 一想到事情那么复杂，就想晚点儿再做吧，能拖一会儿是一会儿。
- 觉得没有准备好，想等准备好了再做。
- 总觉得没有办法静下心来，因此对做好一件事没有信心，想等心静了再做。
- 不做也没人催，就想偷会儿懒。

以上这些原因，都会让你在行动上拖延，哪怕一切都规划得很好，也无济于事。所以，光有目标和计划还不够，你还需要积极行动起来。但是，你就是缺乏行动力，怎么办呢？我们需要一些技巧，让行动变得不那么困难。

1. 用好行动兴奋

你有没有这种经历：明明不想看书，但看了几页之后，反而越看越感兴趣，根本不愿放下；明明不想给别人打电话，心里很排斥，但真正打通了，反而一聊就停不下来；明明不想逛街，但一逛就停不下来……

这种行为在心理学上叫行动兴奋。一个人不管行动前多么不乐意，一旦开始行动，大脑就会越来越兴奋，注意力越来越集中，也因此会渐入佳境，想一鼓作气把事情做完。所以，当你拖延的时候，最重要的一步是，赶紧行动起来，别任由自己的懒惰占了上风，哪怕你只是做一点儿细微的工作，整件事的完成都变得指日可待。

想要尽快行动起来，我们可以试试以下几种方法。

动起来。

就是最简单的字面意思，不是让你做什么艰难的事情，而是保证动一动。比如说，不要躺在沙发上了，起来在房间里走几圈，或者出门跑一跑。

人在运动的时候，大脑会分泌内啡肽，这会让人觉得精力充沛，心态也更加积极。

我们之所以不愿意行动，就是内心有太多消极的想法，精神萎靡，所以哪怕有一个非常完美的计划，也兴致寥寥。动起来以后你会发现，精气神儿有了，就不愿意躺在那儿了。这个时候，去做那件需要做的事，你就不会那么痛苦了。

从最简单、最喜欢的步骤做起。

如果一件事情步骤很多，你又迟迟不想行动，那就从最简单、最喜欢的那一个步骤做起。简单的、喜欢的，人更容易行动起来。而一旦你把既简单又喜欢的步骤做完了，也就会更有动力做其他步骤了。人有未完成情结，一件事情如果半途而废，会心有不甘。而且，已经做了一部分，就有了沉没成本，如果不做完就太亏了，在这种心理作用下，人更有动力把剩下的部分做完。

拿我们前面举例的投稿赚钱来说，一共有 5 个步骤。

第一步，学会写。

第二步，收集投稿资源。

第三步，研究平台调性。

第四步，按要求写文章。

第五步，把文章发到编辑的电子邮箱。

除了第四步和第五步不能先做，第一步到第三步都是可以打乱顺序的，如果你觉得学写作有点儿难，不太想动，可以先收集投稿资源，这个很简单，几乎不用动脑子，还能知道各个平台的稿费有多高，用稿费刺激一下，后面就更有动力了。

不要等到万事俱备。

很多人做一件事之前，总是会想：等我准备好了再开始行动，这样就万无一失了。可是你会发现，有些事情永远都准备不好。经常有人问我：小小老师，我想学习写作，但是我觉得自己看书太少了，要不要先好好看书，把阅读量提起来再开始写？我会问：你觉得多少阅读量才够？每个人的答案都不一样，有人觉得要读 100 本，有人觉得要读 200 本，有人则完全不知道多少算够。

做其他事情也一样，你说准备好了再行动，可什么才叫准备好了呢？它没有标准的答案。《论语》里讲，季文子凡事都要三思而后行，孔子听说后道"再，斯可矣"。孔子的意思是说，思考两次就差不多了，总是三思，就会迟迟不行动，错失很多机会。孔子是一个谨慎的人，他也不提倡思考太多，因为思考得越多，准备得越多，就越无法行动，而不行动，所有的思考和准备都毫无意义。

最好的学习是一边用一边学，看上去很仓促，但效果反而最好。做任何事情都一样，做事的过程中一般都会遇到问题，你不开始做，永远不知道会遇到什么问题，所做的准备可能都是无用的。反而一边做事，一边解决遇到的问题，是最快速、最有效的方式。要做什么，立即去做，别想来想去、准备来准备去的，把时间安排好就可以行动了，人生很多时候都需要仓促上阵。

别找借口，现在马上去做！

当你想给某个人打电话却害怕被拒绝时，在心里跟自己说：别找借口，现在马上去做！当你想看一本书，却想着明天再看也一样时，在心里跟自己说：别找借口，现在马上去做！对，就是在心里给自己打气，然后硬着头皮去做，豁出去了，管它结果怎么样。被拒绝就被拒绝吧，至少这个电话打了你就不难受了；不管有没有收获，反正先把书看了，任务完成心里就舒服了。

不要给自己找任何借口，不要给自己任何犹豫、纠结的机会。"别找借口，现在马上去做！"这句话真的很有效，下次当你不想行动时，可以试一试。

2. 降低门槛

因为我们公司很多小伙伴都想写作，我就给他们布置任务，让他们每周写一篇文章，发表了有稿费。他们都很想写，积极地跟我探讨选题。但是，一个月过去了，交稿的人寥寥无几。原因嘛，就是觉得难度太大了。哪怕我帮他们梳理了大纲，他们依然觉得写不好，所以不愿意行动。

后来我降低了难度，跟他们说，先不考虑阅读量好不好，也不考虑选题是不是受欢迎，先吐槽老板吧，把吐槽写出来就行。这样大家一下子就有话说了，吐槽老板多简单啊，随随便便都能写2000字。结果不到一周，好几个人都交稿了，还写得不错。我们之所以不行动，不是因为做不好，而是以为自己做不好，再加上畏难情绪，就更不想动了。我直播时有学员说，自己总是焦虑，静不下心来，心里很想写文章，但就是行动不起来。

我给的建议是：降低门槛。先不想写文章的事，只挑一个时间，让自己安安静静地坐一个小时。什么事都可以不做，只是坐一个小时，这是不是超级简单？每天都坐一个小时，连续坐一周，你会发现：安安静静地坐下来，并不是一件多么痛苦的事情，自己完全可以做到。这个时候，增加一点点难度：坐下来后，试着打开电脑，随便写点儿什么，写不完也没关系，哪怕写一句话也是好的。然后，我们再增加一点儿难度：试着写一篇文章，哪怕只写标题和开头都行，不一定写完。一般到了这一步，你很有可能会把文章写完。因为行动兴奋了呀！不写完就觉得难受，整个人进入了写作状态，也不会焦虑了，心自然静下来了。

这就叫降低门槛。一件事情想想就觉得艰难，那就不直接去做，只做跟它相关的更简单的事，把难度降到最低，然后再一点点增加难度，最后你会发现，不知不觉间，那件艰难的事情已经完成了。当一件事情你觉得完成有难度时，就可以降低一下要求。比如说，你觉得看一本书有难度，那先看3页怎么样？

心理学上有个登门槛效应，指一个人一旦接受了他人微不足道的要求，就有可能接受更多的要求。美国心理学家曾经做过一个实验，派人访问了一组家庭主妇，要求把一个小招牌挂在她们家的窗户上，因为招牌很小，并不影响美观，所以主妇们都答应了。过了一段时间，实验人员又提出了新的要求，想把一个不仅大而且不太美观的招牌放在庭院里，居然有超过一半的人同意了。而与此同时，实验人员还访问了另一组家庭主妇，直接要求把又大又不美观的招牌放在庭院里，结果只有不到 20% 的人同意。

这就是登门槛效应，在我们的生活里，这种现象比比皆是。我们就利用这个心理，给自己先提一个简单的要求，然后慢慢增加难度。这样循序渐进地，你就在心里接受了那件艰难的事情。

当然，我们一定要知道，降低门槛不是彻底降低要求，随便敷衍了事，而是让自己先行动起来，保证能把事情做完，做完以后，还是要认真检查的，把质量提上去。一件事情一旦完成了，心里的感受是完全不同的。没有完成之前，你会因为畏难而拖延，觉得压力很大。完成了以后，你心里是没有压力的，在这种情况下，也更愿意花时间去优化。

对于有拖延习惯的人来说，做一件事情的总时长不重要，重要的是，能否愉快地去行动。因为只有行动，你才能得到自己想要的。

3. 消除障碍

多年前，智能手机还没有得到普及，大多数人都用电脑工作。编辑如果让我改稿子，我会拖；想在网上找素材时，我也会拖。拖的原因很简单，我觉得需要打开电脑，太麻烦了。对，你没有看错，就是打开电脑这个小小的动作，让我觉得好麻烦，所以有些事情能拖就拖。

不要小看打开电脑这个动作，你需要走到电脑前，按开机键，输入开机密码，如果电脑速度慢，开机要好几分钟，刚开机时反应也慢，打开一个网页要好久。这样一耽误，十分钟都进入不了工作状态。

后来我买了智能手机，随时可以用手机工作，连解屏密码都不用输，因为大多数时候手机都在使用状态。这个时候，很多工作我就不拖了，反正做起来很方便嘛。

我刚开始直播时也很排斥，每次直播前，心里都觉得烦躁，觉得这是一个巨大的工程。因为这种排斥，我总是三天打鱼两天晒网，说好了一周直播一次，常常拖到两周一次。那时直播需要用到一个仪器，以方便放微信和PPT，那个仪器很大，只能放在公司，这就意味着，直播时我需要在公司加班。而且，直播前要做各种调试，我自己搞不定，还需要有人协助，并且要提前试镜头。本来8点直播，7点就要开始各种忙碌了。

后来各种直播软件的功能越来越强大，用手机也可以播，微信和PPT也都能直接放。我立即决定用手机开播，并且不用在公司加班了，在家里的书房就可以开播。手机用起来确实方便，不仅随时随地可以播，还不用调试来调试去的，开播前几分钟，稍微试一下镜头就行了。这样一来，直播这件事情对我来说变得很轻松，我不再排斥它。我甚至觉得一周直播一次过于轻松，有段时间调整为一周直播两次。

很多事情其实都有障碍，只不过容易被我们忽略。电脑开机是一种障碍，直播用仪器也是一种障碍。这些不起眼的障碍，往往成为养成拖延习惯的"帮凶"。在工作和学习时，很多人都会遇到障碍，只不过大家遇到的障碍各不相同。

- 想列每日清单，但一想到要打开某个软件，还要学习软件的用法，就不想行动了。

- 想收集写作素材，但一想到素材本没带在身边，或者需要打开电脑才能记录，就不想做了。
- 看别人做账号都用电脑排版，自己用惯了手机和 iPad，根本不会用电脑，想到要买电脑就觉得头大，不想行动了。
- 自己只会用拼音输入法打字，看别人用五笔输入法打字很快，是不是拼音输入法打字不行啊？要不要学学五笔输入法？想到这些就好烦啊，只想刷短视频逃避。

以上这些，其实都是我们行动的障碍，虽然看上去微不足道，但它们能在心理上消灭我们的行动欲。我们要做的，就是消除这些障碍。想要消除障碍，我们应记住以下几点。

怎么简单、方便，怎么来。

比如列清单，我都是直接记在手机备忘录里，或者在本子上写一写，从来不用各种复杂的软件，记录素材也是在手机备忘录上，不用各种同步软件。总之就是一个宗旨——怎么简单、方便，怎么来。别人怎么样我不管，只管自己做顺手了就行。

每个人对简单、方便的理解不同，不用看别人，你自己觉得简单、方便就好。哪怕别人觉得你的方法很复杂、不能忍受，但你觉得简单、方便，那就行了。

不用改变原有的习惯。

每个人都有根深蒂固的习惯，比如有人打字时一直用拼音输入法，有人做记录时一直用手机和 iPad，有人习惯做事之前来一场仪式，有人从来不需要仪式。只要最终能做事，都是可以的，不用改变。因为新习惯会让人不舒服，不舒服就是一种新的障碍，会让你不想行动。

让工具处于顺手状态。

我之前不想打开电脑改稿子,是因为电脑开机慢,我又是个急性子,完全受不了这个速度。后来换了电脑,开机只需几秒钟就完成了,我就不那么排斥打开电脑了。手机一旦卡顿,我就会心烦意乱,节奏也会被打乱,甚至有些事情不愿意做了。所以我的手机一旦开始卡顿,我就立即换新的,也不需要多贵,但速度一定要快。总之,让你常用的工具顺手一点儿,这样也能减少障碍,促使你及时行动。

做任何事情,当发现自己不想行动时,可以想一想,是什么阻碍了自己的行动,然后想办法把障碍消除。

4. 用好内外动机

通常,我下午不喜欢工作,午睡迟迟不愿意起来,即使坐到办公桌旁,也总是在浏览各种新闻,看一些无关紧要的信息,毫无行动力可言。但是,一旦我决定做一件事情,并且有了详细的计划,那种拖延的状态就会不复存在。我可以做到按时起床,每天下午精神饱满地投入工作,连周六都会加班工作,绝不拖延一分钟。为什么变化这么大呢?主要是因为我做了两件事。

第一件事,利用外部动机。

比如说,端午节我想回老家,而在此之前,我希望把一套课程的视频录好。因为我普通话本来就说不好,回老家再说几天家乡话,重新录课时,发音会更不标准。而且,我希望回家好好放松一下,如果工作没有做完,肯定是没办法放松的;如果放松了,再进入工作状态就会比较难,很浪费时间。

想要回老家和普通话说不好,这都是外在动机。而且,我给家人打电话,明确表示我会回去,这样一来我就没有退路了。写这本书的时候，我也用了一下外部动机。我想尽快把它写完，因为后面还有很多其他的工作计划，如果写书拖太久，这些计划就只能延期了。我当然不想计划延期，所以也逼了自己一把：我先是跟出版社的老师承诺了一个较早的交稿时间，然后跟公司的小伙伴说了接下来的工作计划。这样等于有了双重监督，为了不失信于人，我必须在承诺的时间内把书写完。每当想偷懒的时候，想想这些外部动机，实在没办法偷懒啊！

第二件事，利用内部动机。

仅有外部动机还不够，有时候会破罐破摔，觉得完不成就完不成吧，无所谓。所以还需要内部动机，每当不想行动的时候，我都会跟自己说：我一定要把这件事情做完！这么想的时候，真的会觉得内心更有力量。一个人发自内心地想要做成一件事，一定能够做成，也基本不会拖延，甚至觉得连精力都变充沛了。

当你不想行动的时候，可以想一想有没有外部动机可以利用。比如说，给别人承诺一个完成时间，在公众平台上公开自己的计划，做一个公开的挑战等，就是要让自己知道，这不仅仅是你一个人的事情，还有好多双眼睛看着你呢。你不做完，就会有各种损失。

除了外部动机，也要多给自己内部动机，不停地暗示自己：一定要做完，一定可以做完。不管遇到多大的困难，永远不要说："算了吧，我做不了。"而是多跟自己说："一定有解决方法的，我可以做到。"

任何时候，积极都比消极更有收获。只要你心里打定主意不放弃，没有什么事是完不成的。人最终要战胜的，只是自己。始终相信自己，你可以的。

"

第 5 章

为什么你总是三分钟热度

> 上善若水。水善利万物而不争，处众人之所恶，故几于道。
>
> ——《道德经》

《道德经》里的这句话，后来被解读成：流水不争先，争的是滔滔不绝。我特别认同这句话，全职写作的这些年，更是亲眼见证了"滔滔不绝"的威力。互联网创造了很多神话，所以大家经常调侃：站在风口上，猪都能飞起来。可是，你知道那些创造了神话的人曾经做过什么吗？

大多数抓住了公众号红利的人，都是从事写作多年的人，从纸媒时代就已经在写了，还有一些人已经很有名气了，所以他们转战公众号，也能持续更新，并且有能力写出爆款文章。特别是有一些人很早接触互联网，对互联网玩法熟悉，在红利期敢大胆投入，很快就把其他人甩在身后了，以极短的时间跻身"头部作者"。

那时我全职写作刚 3 年，写作水平比较高，但接触互联网的时间不长，缺乏敏感度，也不知道要怎么涨粉，以及涨粉有什么用。所以，哪怕连续出了多篇爆款文章，我也没想到快速把账号做起来的方法。结果就是，我的账号错过了涨粉的黄金时间，现在只做成了一个中部账号。但同时我是幸运的，因为写作水平锻炼得不错，连续出了爆款文章，哪怕运营能力差一些，还是把账号做起来了。

而很多人看到其他人把公众号做起来并赚到钱，才想起来要去做一个账号。但因为之前没有写作习惯，更新对他们来说非常困难，经常是更新一段时间就不了了之了，账号自然也迟迟做不起来。

这就是在一个领域深耕多年和没有深耕的区别。对一件事情坚持得越久，相关能力就越强，对它了解得就越多，当风口到来时，才能借着这阵风飞起来。坚持时间短的人,当然也能飞,但飞得没那么高、那么快。没有坚持过的人,则是站在风口上也飞不起来。

我自己全职写作 12 年,靠写作实现了人生的逆袭,从一个小镇姑娘成长为公司创始人。经常有人问我成功的秘诀是什么,我觉得最重要的就是坚持,除了坚持,我想不出来还有什么比它更重要了。

作家格拉德威尔在《异类》一书中曾提出"10 000 个小时定律":人们眼中的天才之所以卓越非凡,并非天资超人一等,而是付出了持续不断的努力。10 000 个小时的锤炼是任何人从平凡变成"世界级大师"的必要条件。对于大多数事情,只要你肯付出 10 000 个小时的努力,结果都不会太差。成功的道路有很多,但我觉得"坚持"是其中最确定、最可控的一条。靠资源、靠运气、靠聪明,确实都有可能成功,但这些东西大多数人都没有,它们还非常不可控,资源今天有也可能明天没有,运气不会常伴你左右。但坚持不一样,不管你是天赋异禀还是资质平平,只要你愿意,就可以坚持。而坚持到了一定程度,量变发生质变,一定会让你成为某个领域的佼佼者,获得比一般人更高的收益。

很多人都知道坚持很重要,但真正能坚持的人并不多,大多数人都只有三分钟热度。比如你兴致勃勃地想做一件事,做了不到一个月,便觉得索然无味,在它身上花的时间和精力越来越少,最后干脆把它抛诸脑后。为什么明明那么想要做一件事,却只有三分钟热度呢?其实,无非有以下几种原因。

一是不感兴趣了。

刚接触一件事情时,大脑是最兴奋的,因为新鲜,了解它的欲望特别强烈,也愿意为它花大量的时间和精力。但这种事跟谈恋爱差不多，时间一长，那种新鲜感过去了，大脑就没有那么兴奋了。这个时候，人很容易去找其他有新鲜感的事情做，而把这一件事情放在一边。有些人本来兴趣就很广泛，这也喜欢那也喜欢，就更难在一件事情上长期坚持，反正有其他的事情吸引他们的注意力。

二是厌倦了。

不管做什么，我们都会经历厌倦期。一般来说，我们对一件事情已经比较熟悉了，可以轻松驾驭时，最容易厌倦。可能是熟悉了所以没有新鲜感了，可能是没有看到合理的回报，可能是短时间内无法突破，所以忽然就觉得这件事情不值得了，好像做不做都那样，甚至开始怀疑做这件事情到底有没有意义。

很多人在写作时都会进入一个瓶颈期，开始钻牛角尖，觉得自己是写作机器，写出来的文字平淡无奇，不能成为名著。既然如此，为什么还要写呢？于是他们就真的不写了。

三是压力太大。

这个主要跟预期太高，以及计划安排得太满有关系。本来自己的能力就达不到，还非要一个特别好的结果，并且把时间安排得满满当当的。比如对于一个写作新人来说，能写出几篇文章已经很好了，可你非要让自己写出百万阅读量的爆款文章，达不到就惩罚自己，甚至在时间不多的情况下，逼迫自己每天都写。有学员跟我说，为了参加一个挑战，她日更账号，写文章写到吐，之后就再也不想写了。这就属于非常典型的压力太大、身体太累，把意志力耗完了。

四是遇到挫折了。

做任何事情，其实都很难一帆风顺，中间总会遇到挫折，这本来是正常现象。但有些人对自己要求太高，承受压力的能力也比较差，遇到挫折以后，会各种怀疑，觉得自己不适合，看不到希望。这么一想，这些人就不愿意再继续坚持了。

又如，我们在做某件事情的过程中，跟别人发生了一点儿矛盾，自己被吓到了，觉得这件事情好可怕，不想再做了。有些人在做账号时，遇到几个差评就不想更新了，投稿被拒就万念俱灰了，别人抄袭了自己的文章就觉得没意思了……

这都属于遇到挫折了。有些人就是这样的，遇到挫折后早早放弃，不愿再坚持了。

五是放纵自己。

现在很多人喊着要"躺平"，虽然理由五花八门，但其实都是对自己的一种放纵。比如，有人觉得怎么努力都改变不了现状，不如直接"躺平"；有人觉得自己以前已经那么努力了，奖励一下自己，干脆"躺平"；有人觉得反正自己能力一般，不"躺平"也干不出什么成绩来，干脆"躺平"……

这都是对自己的放纵。你都没有努力，怎么知道无法改变现状，怎么知道干不出成绩？况且，我们就算改变不了世界，无法跟伟人相比，但让现在的自己比以前的自己好一点儿，总是可以做到的吧？

总之，一个人不想坚持，总能找到无数个理由。接下来，我将根据三分钟热度产生的原因，以及自己坚持写作12年的经验，分享让自己做到长期坚持的方法。流水不争先，争的是滔滔不绝。你跑多快不重要，重要的是，能不能坚持跑下去。只有坚持自律，才能更轻松、更快捷地看到成果。

一、内驱力越强，越容易坚持

不写作业，母慈子孝；一写作业，鸡飞狗跳。辅导过孩子写作业的家长都知道这有多崩溃，网上也经常看到相关的新闻，比如某某因为辅导孩子作业，气得用头撞墙。

孩子写作业为什么那么难？因为大多数孩子都没有内驱力，把作业当成为老师完成的、为家长完成的，所以家长催一下就动一下，不催就不动。一道题讲很多遍都不会，大多数时候不是因为孩子脑子不够用，而是因为孩子心不在焉，根本听不进去。

没有内驱力的孩子，家长盯着才会不情不愿地写作业，家长如果不盯着，他就不写。而有内驱力的孩子，不用家长盯着，每次自己都能及时把作业写完。

成年人又何尝不是呢？你想做的事情，不需要别人监督，能全心全意地去做，既专注又努力。而你不想做的事情，不管别人怎么说，都不愿意去做。

一个人能不能坚持自律，内驱力很重要。所谓内驱力，就是内心有强烈的动力驱使着你行动。一个人的内驱力足够强，就能战胜厌倦，不被其他兴趣裹挟，能面对自律过程中遇到的挫折，更不会轻易地放纵自己。

所以，想要坚持自律，我们要做的第一步就是激发内驱力，让内驱力足够强。蜕变，都是由内向外的。

1. 好处越多，内驱力越强

- 在烈日下暴晒一个小时，可以得到 100 元，你愿意做吗？
- 在烈日下暴晒一个小时，可以得到 100 万元，你愿意做吗？

诱惑太小，内驱力就小，而当诱惑很大的时候，人强烈地想要得到的欲望就会变大。比如说，薪酬为两三千元的时候，很多人会觉得，不做就不做吧，反正没什么大不了的。但薪酬为两三万元的时候，人必定就会珍惜这份工作，不愿轻易辞职。

做其他事情也是一样的，假如现在让你学画画，告诉你学好了一个月可以挣 3000 元，如果不是特别热爱，你就不那么想学，就算热爱，薪酬这么少，也会觉得爱得不那么深了。但是，如果告诉你学好了一个月可以挣 30 万元，还可以到世界各地写生，你是不是非常想学？哪怕不爱也想学。

我自己在全职写作之前，业余时间写了很多年，一直没有变现。每次觉得人生无望，不想再坚持的时候，我都会幻想：当作家多好呀，可以不用去上班，每天推开窗子，在鸟语花香里写作，还可以穿得美美的，特立独行一点儿也没关系，反正不用处理复杂的人际关系。

这种生活太美好了，做梦都能笑醒，所以我常常做这样的白日梦。生活越不如意，我越渴望这种美好的生活，而越渴望，我想靠写作为生的欲望就越强烈。

所以在没有任何收益的情况下，我依然可以每天独自坐在房间里写作，可以利用午睡时间写作，可以在别人游玩、逛街时写作。不用任何人监督，我自己就有非常强大的内驱力。可以想一想，你做的那些事情，能为你带来什么样的好处。你也可以列一个表格，把这些好处写下来。

事　件	好处 1	好处 2	好处 3
写作	赚钱	打造个人品牌	时间和工作自由
读书	变得博学、睿智	工作和生活中可用	有书卷气
运动	身材更好	减肥	更健康

一件事情除了固定的好处，我们也可以人为地给它增加更多的好处。比如说，我创建了一个写作成长营，每天在里面免费分享干货。分享本身当然有好处，会让别人更信任我，让我的影响力也变得更大。但我觉得还可以让好处更多一点儿，于是我把分享的内容拍成短视频，分发在各个短视频平台上，这样可以吸引更多的粉丝。做事情时，我都会想办法让它有更多的好处。写了文章，除了分发在图文平台上，我同样会拍成短视频分发在短视频平台上。读一本书，除了学到知识，还可以在写文章的时候用上、做分享的时候用上、说服别人的时候用上。总之，学了一样东西，要反反复复利用，把它的好处全部挖掘出来。

很多事情我一坚持就是很多年，因为我不但看到了它的好处，还会想办法把它的好处无限放大。一件事情有这么多好处，当然会更有动力坚持下去。

2．让结果可视化

很多公司都会在办公室的显眼处放一个白板，不仅用来写计划，还会写每一个项目的进度，让大家都看看现在进行到哪一步了，取得了哪些成绩。这其实就是让结果可视化。不但公司项目能可视化，很多个人的事情也能可视化。比如说，我健身一段时间以后，不知道自己这么坚持有没有用，也不知道这种健身方式对不对，于是我计划隔两个月拍一次照片，做一个对比图。

健身 10 天时我拍了一张照片，两个月时又拍了一张照片，然后用绘图软件做了一张对比图。不得不说，从对比图上可以看到腰部和腹部变紧致了。如果不做这张对比图，我是无论如何也看不出身体的这些变化的。

我还把这张对比图拿给熟悉的人看，他们看过以后也惊叹变化之大，这让我对健身这件事更有动力了。我以前总是三天打鱼两天晒网，之后每天坚持，而且一坚持就是一年。

有些事情虽然没有办法拍照片，但我们可以通过做思维导图或表格的形式，让结果可视化。比如写作，这个拍照片没什么用，但你可以每隔几个月，把之前的文章拿出来做个对比，一对比就会发现，自己这几个月进步了，可以用下面这个表格，从各个维度去量化结果。

月　份	写作数量	发表数量	写作速度	难易程度（10 级最难）
1 月	1 篇	0 篇	3 个小时写 1 篇	10
2 月	3 篇	1 篇	2.5 个小时写 1 篇	8
3 月	5 篇	3 篇	2 个小时写 1 篇	6

写作 3 个月，如果自己不做记录，可能根本意识不到有什么进步，说不定还觉得自己好笨，写了那么久，居然还是写不快也写不多。

但是通过结果可视化就会发现，这3个月不管是从写作速度还是从发表数量来看，自己都有显著的提升。

学会用数据说话，这样得出的结论才是理性的，而不是想当然。特别是习惯性否定自己的人，一定不要感性地觉得自己这不行那不行，学会用数据来分析，才不会被莫名其妙的沮丧情绪打败。

不管是写作还是运营账号，我每个月都会做个表格，让自己和公司的小伙伴都能看到当月的成绩，而不是稀里糊涂地做，稀里糊涂地评估。就拿写作来说，每个月写了哪些文章、标题是什么、字数有多少、发表在哪个账号上，我都会做记录。这样不但知道每个月的成绩，每一年的成绩也一清二楚，而且要查找某篇文章时也比较方便。

给大家看一下我的记录表格，特别简单。

类型	时间	作者	字数（字）
	2022年8月		
影视	曹贵人为什么不把聪明用在皇上身上，却要讨好华妃	汤小小	2200
	苏公公到底有多会说话	汤小小	2700
	通过宫女的一句话，甄嬛就判断出了她们的为人	汤小小	2800
	现代职场随时能跳槽，不像后宫要待一辈子，《甄嬛传》有什么可学的	汤小小	1900
	这些人说话那么难听，甄嬛为什么不生气	汤小小	2800
	甄嬛送礼原则	汤小小	2400
	甄嬛治好了我的讨好型人格	汤小小	2200
	《星汉灿烂》：少商为什么要退婚，又为什么原谅凌不疑	汤小小	2600
观点方法	老公带娃时玩手机，让孩子吃粪便，要不要离婚？	汤小小	1900

续表

类型	时间	作者	字数（字）
	2022年8月		
读者答疑	男朋友给了15W彩礼，却因为3000块钱，让我把孩子打掉	汤小小	2700
	答疑:婆婆一言不合就生气砸东西，还总是一哭二闹三上吊，怎么办？	汤小小	3200
日常	自学中医4个月，到底收获了什么	汤小小	2000
	自学中医4个月，我的一些改变	汤小小	2200
	分享对我影响最大的10句话，太治愈了	汤小小	2000
	婆婆的算账方法太让人震惊了	汤小小	1900
广告	洗发水广告	汤小小	2800
	隐适美广告	汤小小	3000
其他作者	《新白娘子传奇》：明知道许仕林只爱胡媚娘，碧莲为什么还要嫁给他	妮妮	2100

我们团队运营的账号，每个月也会统计相应的数据，比如发布了多少内容、阅读量是多少、涨粉多少名、爆款文章有多少篇……这样谁做得好、谁做得不好，一目了然。看到自己运营的账号飞速进步，大家也有信心，下个月也会更有动力。

如果表格不方便做，那么还可以通过写日记、写文章的方式，让自己看到成果。一件事情哪怕还没有达到最终预期，但中间有任何小的成果，我们都要看到，并且记录下来。这样就知道自己并非一无所获，其实一路上已经收获了很多。对于有收获的事情，我们内心当然会更认同，有更强烈的想要继续做下去的欲望，有了这种欲望，坚持将不是一件困难的事情。

二、兴趣越浓厚，越容易坚持

摩西奶奶曾经说：你最愿意做的那件事，才是你真正的天赋所在。去做你感兴趣的事情，因为兴趣是最好的老师。一个人有兴趣做一件事，本身就是一种内驱力，不需要别人监督，也不需要有太多好处和诱惑就能够愉快地做下去。

很多人之所以三天打鱼两天晒网，不能坚持自律，其中一个很重要的原因，就是兴趣越来越淡，好奇心越来越弱，也就渐渐地没有坚持的动力了。

一个人能找到一件感兴趣的并且有价值的事情，是很难得的。虽然说，我们很难对一件事情始终如一地热爱，但可以通过一些方式，让这份热爱维持得时间长一点儿，再长一点儿。

感兴趣的时间足够长，我们就可以一生都做自己热爱的事，这是多么幸运的事啊！而且凭着这份热爱，你会觉得每天都过得很开心，每天都充满了斗志。

1. 保护你的兴趣

想一想，你感兴趣的事情都有什么特点？

比如说，做它的时候，你很开心，它能给你带来愉悦感；总觉得做不够，想在它身上花费更多的时间；总觉得对它不够了解，想要了解更多；恨不得跟每个人都聊聊这件事……

经常有人说，如果把爱好当职业，就会毁掉爱好，因为爱好成为职业后，你便不再爱它了。当爱好成为职业，你可能就要经常为它加班，无止境地做下去，想停都停不下来，所以很快就会把热情耗干。

写作是我的爱好，当初决定全职写作前，也曾担心过，万一将它作为职业以后，我很讨厌写作了怎么办？事实上，在刚开始全职写作时，我确实产生过厌倦情绪。那时我想：自己不用上班了，所有的时间都可以用来写作，一定要争分夺秒，尽量多写。

一开始，我想一天写10篇文章，后来发现做不到，顶多只能写两三篇。于是我决定逼自己一把，让自己每天至少写2篇，争取3篇。

我每天6点起床，因为既有强大的内驱力，又有浓厚的兴趣，只要一想到起床后可以写作，马上就精神百倍，一蹦而起。

在这种状态下，大多数时候我都完成了任务。但随着时间的推移，我却越来越不开心了，慢慢觉得写作一点儿意思都没有，每天不是在找素材就是在构思，要么就是坐在电脑前打字，丈夫回到家，我和他的聊天话题也只有写作。如果全职写作的生活这么枯燥、无聊、劳累，那么全职写作的意义在哪里呢？

我感受不到文字带给我的快乐，只觉得自己是打字机器，自己给自己造了一个牢笼。当时心想：果然如大家所说，当爱好成为职业，热爱就会消失。这不是我想要的，所以后来我开始尝试改变，不把自己逼得那么紧了，一天写一篇就好，其他的时间，要么看看书，要么看看窗外的风景，晚上也不逼着自己找素材了，而是出去逛夜市。

这样调整以后，我慢慢不再焦虑了，觉得自己打字的手都变得轻盈了，对文字的热爱又重新回来了，虽然没有一开始那么炽烈，但还是非常喜欢的，两天不写就有点儿难受。

这个习惯我一直保持到现在，每天只让自己写一篇文章，哪怕有大把的时间，也绝不多写。我发现，这个习惯让我保护了自己的兴趣，因为每天一篇的量确实不大，这个量很难让人厌倦，反而会有意犹未尽的感觉。

水满则溢，很多事情就是这样的，太用力很容易把热情浇灭，保留一点儿力气，第二天才能更轻盈地上路。想要保护自己的兴趣，可以从以下几个方面入手。

一是控制工作量。

不在乎一天做多少，而在乎每天做多少。流水不争先，争的是滔滔不绝。

想要长期自律，一定不要一天把 100 分力气全用完，用 60～80 分力气就好，让自己有意犹未尽的感觉，兴趣就不容易消散。不管是写作、看书还是做其他事情，可以给自己定个量，比如每天写一篇文章，或者每天看 30 页书，既不让自己长时间停止，也不一次性投入太多时间和精力。很多人都对副业感兴趣，对本职工作不感兴趣，很重要的一个原因就是工作必须每天做 8 个小时，而副业只需要抽时间做。

当然，也不是做得越少越好，做得太少，进步会比较慢。所以最好找到一个合适的量,这个量既可以让你相对轻松,又可以让你稳步前进。具体的方法,可以参考本书前面的内容,这里不再赘述。

二是多做一些开心的事情。

感兴趣的事情,往往能给我们带来快乐,带来情绪上的满足。我们可以把这种快乐跟开心的事情绑定,只要一做它,就能收获快乐,自然就更喜欢做。

比如说,写完一篇文章后,你可以出去散散步、拍拍美景,或者坐在窗边喝杯茶、听听音乐。总之,任务完成了,就去做让你开心的事情,可以是很小的事情。你还可以边旅行边写作,既能看美景、吃美食,又能把所见所闻写进文章里。这些都会让你对写作产生积极的情绪。

这其实有点儿像前面讲的绑定销售,把不喜欢的事情和喜欢的事情绑定,你就不会那么讨厌不喜欢的事情了。而现在,把你本来就喜欢的事情和其他喜欢的事情绑定,你对这件事情的喜欢程度便不会降低。

2. 增加新挑战

我们对一件事情越了解或越熟悉,兴趣就越容易降低。原因很简单:没有挑战性了啊!很多人新到一家公司,刚开始斗志满满,等完全适应工作了,反而没有斗志了,还会对工作心生厌倦。这其实就是因为工作熟悉到没有挑战性了,有的人觉得自己每天花那么多时间和精力在这些工作上毫无意义,也不能让自己成长。大多数人都害怕单调的重复,别人眼里再"高大上"的工作,当它成为你手里单调且重复的工作后,你就对它没有兴趣了。

想要让自己始终保持浓厚的兴趣，就要学会打破单调，不断增加新的挑战，让这件事始终有挑战性。比如说，你一直写情感类文章，写得多了，就觉得好单调，一点儿新意都没有。这个时候，你可以让自己接受一个新挑战，去写一写和历史相关的情感类文章。因为你之前没有写过，这对你来说就是一个小小的挑战。但它依然在你熟悉的领域里，不会让你觉得恐慌，也不会过于舒适，正好激发你的探索欲。

你一直看历史类的书，看了上百本，慢慢就觉得没有什么新意了，对历史的兴趣也会逐渐减弱。这时候，你同样可以让自己接受一个新的挑战，试着做一个历史类的自媒体账号，尝试输出。难度增加了，意义也不一样了，但还在你的能力范围内，这也会重新激起你的兴趣。而且因为做自媒体需要用到很多内容，之前看过的书，你还有兴趣再看一遍。

一个人健身，觉得有些单调，热情慢慢降低，这时你可以和朋友一起，还可以来个比赛，看谁花样更多，效果更好。因为增加了新的元素，你会觉得一切又变得新鲜而有趣，热情又被重新点燃了。

当你对一件事情已经驾轻就熟，觉得没有什么挑战性的时候，可以人为地增加新的挑战。这样不仅可以让兴趣持续，还能获得更好的成果。具体可以从以下几个方面去增加挑战。

一是增加趣味性。

比如你一个人坚持写作，会觉得很单调，写着写着就厌倦了。你可以把身边喜爱写作的朋友拉进一个群里，大家在一起互相吐槽、互相点评，还可以比赛——看谁一个月写得多，看谁速度提升得快。这就有了趣味性。

除了借助别人的力量，一个人同样可以增加趣味性，比如写一篇文章奖励自己一个小礼物。我女儿在做作业时，会拿一点儿自己喜欢的美食放在桌上，做完一页就吃一点儿美食。对此她玩得不亦乐乎，这其实也是增加趣味性的一种方式。

二是增加难度。

既然一件事情已经熟悉到没有挑战性了，当然要给它增加难度。难度一增加，你短时间不能完全驾驭它，兴趣便会重新被激发。比如说，你对自己的工作很熟悉了，那就不断增加难度。挑战更短时间内把事情做完，以及做得更好。

三是增加广度。

有些事情，就算增加难度，可能也没有太多的收益，而且难度也是有限的，不可能无限增加，这时可以尝试增加一下广度。所谓增加广度，简单来说，就是往外延伸一下。比如说，你是做运营工作的，这份工作对你来说越来越轻松，该增加的难度也增加了，你可以把运营技巧总结成课程，这样你的职业也更多元化了。

你喜欢看历史书，不要仅仅停留在看书上，可以做自媒体，把你通过看书获得的知识用上。这样你不但是一个喜欢看书的人，还能成为一个自媒体博主，同时也会多一份收益。总之，围绕你精通的那件事向外延伸，不但可以让你始终保持兴趣不减，还能拓展自己的路，让自己今后有更多的选择。

没有人喜欢一成不变，那我们就顺应人性，经常变一变。有一句话说，人生需要不断折腾。其实对于我们想要做的事也是一样的，多折腾，多方位折腾，越折腾路就越宽。

三、正确对待厌倦期，更容易坚持

即使我们有很强的内驱力，也尽量保护了自己的兴趣，但随着时间的推移，大多数人仍会进入厌倦期。厌倦期一般有两个特征：一是兴趣降低，身心都有些厌倦了；二是久久不能进步，开始产生自我怀疑。大多数时候，这两个特征会同时出现，这将是自律路上最大的考验。很多人在厌倦的同时，找不到努力的意义，身心俱疲，干脆放弃，不再继续坚持了。

厌倦期也叫瓶颈期。"瓶颈"这个词特别形象，它是整个瓶子最细的部分。刚开始人在瓶底，觉得空间很大，足够自己腾闪挪移、肆意发挥。慢慢往上升，来到瓶颈之后，发现这里空间很小，无法施展拳脚，还会被卡得不太舒服。但冲出瓶颈以后，你会发现外面是一片广阔的天地。

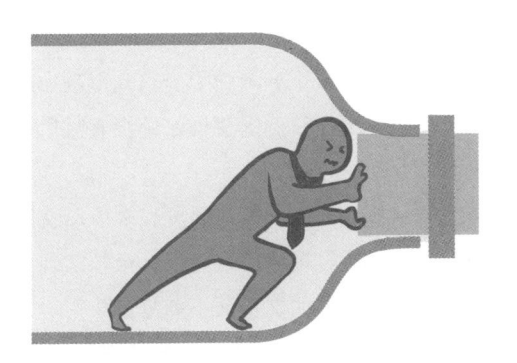

瓶颈期会让人不舒服，但也没有那么可怕。你以为自己挣脱不了，其实坚持一下，很快就挣脱了。然而，如果你躺在那儿不动，这个坎儿就过不去，它会一直卡着你。我自己在全职写作的 12 年间，当然也经历过瓶颈期，并且不止一次。因为只要是需要持续做的事情，基本都会经历瓶颈期，但我每次都用很短的时间度过了瓶颈期，几乎没怎么被困扰。

1. 不要找意义

在厌倦期，大部分人最典型的表现就是找意义。有位学员就曾被这个问题困扰过，她从开始写作到现在已经有 3 年多的时间了，在第一个月的时候就开始大量上稿（指文章发表），几乎没写过废稿。她用 3 年时间，让自己成了各个大平台的签约作者，每天都有编辑跟在后面催稿，还有无数新编辑找到她想合作。

这样的成绩是令众人羡慕的，自己说出来都让人觉得有点儿"凡尔赛"，但她有一段时间情绪特别低落。某天给我留言说：小小老师，我最近在想,写作对于作者的意义是什么?那些稿件就像昙花一样,存在短短几天,好像只是给平台增加了一点儿影响力,作者就像平台上的一枚棋子一样;现在我感觉变现已经没有吸引力了,也没有平台让我突破了,我就不想写作了。

以前她有很多目标,比如一个月要发表多少篇文章,要成为某个大账号的签约作者。经过努力,这些目标全都实现了,现在她忽然就觉得写作没意义了,写的文章又不能流芳千古,几天就被别人遗忘了,作者就像一枚棋子,还有什么好努力的呢?

但其实,任何一份工作,其性质都差不多。大部分人都是一枚枚棋子,都不能青史留名。刚开始不了解,觉得它特别美好,会激情满满的,有无数的目标要挑战。可熟悉了以后你会发现,再美好的事情好像也不过如此。

这也是为什么很多人"干一行,憎一行",越深入,越发现它好像没什么意义。但所谓没意义,也只是因为"你觉得",在别人看来,这件事情还是有意义的。"意义"这个概念特别主观,同样一件事情,不同的人会找出不同的意义。如果你非得找出打动自己的意义,就是自寻烦恼。

90多岁高龄的画家黄永玉先生在接受采访时说:"过日子,平平常常就好,有的有意思,有的没意思,不要什么都找意义。"他还说:"人活着的时候,好好工作,很可能白干,没有任何价值,但不要紧,不要把自己的意义看那么大。"

你有没有觉得特别通透?这其实也是减少精神内耗的方式。很多人在年轻的时候,总想做轰轰烈烈的事情,希望自己做的事情具有非比寻常的意义，等经历多了就会发现，哪有那么多轰轰烈烈，哪有那么多非比寻常的意义。你执着地找意义，会觉得累，会不快乐，最终会心生厌倦。

电影《阿甘正传》里的主人公阿甘从来不去想做一件事情到底有什么意义，他只是本能地去做，结果这个他人眼中有点儿傻的人，却做成了很多人无法做成的事，成为很多人的励志偶像。少去找意义，只要确定这件事情对你的人生有益就好，至于是不是有意义、是不是棋子，都不重要，大家都是互为棋子的。

如果你觉得自己所做的工作处于行业底端，倒是可以拓宽一下，或者换种方式，往上游走一走。比如说，你觉得自己写文章投稿，只是给平台增加了影响力，自己像一枚棋子，那你可以选择自己做账号。但那时候你会发现，连个发工资的人都没有，自己要当老板、要做运营、要输出内容，你会觉得，这有什么意义呢？

所以你看，不管选择哪条路最终都会发现不完美，都会发现它好像不是那么有意义。那干脆就不要去想它的意义，努力往前走就是了。

如果你说：我知道不要想意义，可我就是忍不住去想，怎么办呢？

没关系，我们无法控制自己的想法，但可以控制自己的行为。即使觉得没意义，你也依然不停下来就好了。带着各种想法前行，哪怕内耗严重，终究是在往前走。

2. 不要被疲惫感骗了

有些人不会因为一件事情没意义而厌倦，但是会觉得疲惫，不想动。开普敦大学研究锻炼和运动科学的蒂莫西·诺克斯教授曾说：疲惫不是一种身体反应，而是一种感觉、一种情绪。说得再直白一点儿，很多时候，你不是真的疲惫，而是觉得自己疲惫。

我对这一点深有感触。有一段时间，我明明没做多少事情，每天就是完成日常工作而已，但就是觉得特别累，对什么都提不起兴趣，甚至会想：干脆放下所有工作，到某个陌生的地方住几个月，什么都不想什么都不做，彻底放松一下，等休息好了再回来。

但很明显，我当时的工作量那么小，身体根本不可能累，所以一定是哪里出了问题。意识到这一点以后，我开始追根溯源，最后发现，造成自己累的原因，其实是负面情绪太多。那段时间，大家都在说大环境不好，努力不如"躺平"，我的情绪不知不觉受到影响。而且，恰巧那段时间我没有新的事情可做，没有成就感，既悠闲又看不到出路，所以心里负面的想法比较多。

厘清这些以后，我开始调整自己的情绪，不断地跟自己说：其实你的工作很好，既自由又是自己喜欢的，每天工作3个小时就够了，多轻松多愉快呀，这么好的工作可不好找，一定要珍惜啊……慢慢地，我心里负面的想法消散了，人变得越来越积极。神奇的是，心态改变以后，那种莫名其妙的疲惫感也消失了。

如果你也是这种情况，明明做的事情并不多，但就是觉得特别累，累到不想动，对什么都提不起兴趣，可以试着从以下几个方面做调整。

少看负面新闻。

尽量少看那些负面新闻。你看的时候觉得无所谓，一条新闻而已，又不会影响生活。但实际上，它会在无形中影响你的情绪，让你变得惊慌和消极。除了新闻，身边那些老是传播负能量的人，也尽量离他们远一点儿，和他们在一起时间久了，你也会变得消极。不要觉得自己心理强大，事实上，大多数人都会受到环境的影响，只不过有些影响肉眼可见，有些影响悄无声息。

多想好的方面。

当你觉得疲惫，不想做某件事情的时候，一定会觉得这件事情有很多不好的地方。不要去想它的缺点，越想越觉得累，试着想它好的一面。你既然决定做这件事，那么想必它一定有好的一面。

甲之蜜糖，乙之砒霜。其实同样的东西、同样的事情，对同一个人来说，可能是蜜糖，也可能是砒霜。你看到它的优点，它对你来说就是蜜糖；你总看到它的缺点，它就是砒霜。心境一转乾坤轻，当遇到让你觉得有压力的事情时，转换一下心态，也许就会觉得它不再沉重，而变得轻盈无比了。

出去走一走。

人觉得疲惫的时候，喜欢宅在家里，不社交、不逛街，这样很难摆脱疲惫感。不如走出去，吹一下清晨的风，看看繁华的街道，跟别人聊聊天，去认识新朋友。人长时间在一个环境里，本身就容易产生疲惫感，要不怎么会有个词叫"审美疲劳"呢？你可能有这种感觉：一个月不出门，会觉得闷得慌，有一种乌云压顶的感觉，出趟门，虽然什么收获都没有，但好像心胸顿时开阔了。

换个环境，人就会产生新鲜感，也会给自己注入新的活力，让疲惫感跑得无影无踪。

让自己忙起来。

我发现一个很有意思的现象，一个人越闲越颓废，越忙精气神越好。《小窗幽记》里说：人生莫如闲，太闲反生恶业。意思是说，一个人太闲了，容易有不好的事情发生。因为一闲下来，就容易想得多，很多事情都是人太闲惹出来的。因为太闲，身体和脑子都会进入休息状态，不想动弹，所以即使没做多少事情，人也觉得身心俱疲。相反，一个人忙起来，身体和大脑的细胞也会被调动起来，反而精神饱满。很多公司都会想办法不让员工太闲，工作闲的时候，会安排一些其他的事情做，就是因为人一旦闲下来，就容易懈怠。

我发现，在做事时如果给自己充足的时间，告诉自己慢慢做，这件事情就会拖很久也做不好，因为根本不想动。反而某段时间内事情很多，并且都必须及时完成时，整个人状态特别好。不虚度光阴，人反而既不会觉得太累，又能收获更多。

3．给意志力加油

在全职写作的 12 年间，我有无数个瞬间觉得厌倦，好像一切都没有意义，何必那么努力，反正有许多人半途而废，我为什么一定要坚持？

每当觉得沮丧的时候，我就会去关注那些我熟悉的作者，进入他们的微博或公众号，看他们最近取得了什么成绩。一般来说，大家都会把自己取得的成绩发布在公众平台上，负面的内容则很少发布。所以这会给大家造成一个错觉：别人怎么有那么多好成绩，人生一路向前，多厉害啊！然后我就有斗志了，因为好胜心和嫉妒心让我不甘于人后。人家那么努力，取得了那么多的成绩，你怎么好意思偷懒呢？万一输给别人，将心有不甘啊！

　　大多数时候，嫉妒心不是一种好的心理现象，但有时候良性嫉妒也是一种推动我们前进的力量，它让我们不甘于人后，让我们充满了斗志。影视剧里的恶毒角色，基本都有强烈的嫉妒心和好胜心，所以他们总能一次次失败又一次次重来，就像"打不死的小强"，每天都斗志昂扬地和主角作对。

　　很多东西，用错了地方是劣势，用对了地方就是优势。除了嫉妒心和好胜心，人还有强烈想要得到的欲望，比如想要一件奢侈品，一些好的资源，一套好房子。当我对工作厌倦不想继续的时候，会去看房子，而且尽量看豪宅，虽然买不起，但它会激发我想要得到的欲望。欲望在大多数时候，也被认为是不好的，无数的"心灵鸡汤"告诉我们，要戒掉欲望，要无欲无求。可这真的很难，于是很多人说，只有得到过，才能彻底放下。既然难以戒掉，不如好好利用，先让欲望得到满足，然后学会放下。当你有得到的欲望时，就没有办法不努力、不自律了。

　　我经常用这样的方式为意志力加油，人有蓬勃的欲望和好胜心，只要用对地方，未尝不是一件好事。特别是年轻人，没有欲望和野心，岂不是要"躺平"了，哪还有动力自律？所以，我们可以经常利用一下外部的力量，给意志力加点儿油，具体可以从以下这些方面入手。

　　多看同龄人的成绩。

　　人性里有一个特点，离自己远的人过得好，我们觉得无所谓，可是身边的人比自己过得好，就会羡慕。现在，我们正好利用这个特点，多看看身边人的成绩。你的同龄人，或者一个圈子水平差不多的人，他们的成绩很容易激起你的斗志，让你想奋力追赶。一个好的圈子很重要，当你想要做某件事情的时候，最好找到那个圈子，不为别的，哪怕只为用别人的成绩激励自己也是好的。

比如说，你想写作，但你的同学、同事、朋友、亲戚都没有人写，你也会怀疑自己有没有坚持的必要，而且你进步与否，也没有参照物。你可以加入热爱写作的人的朋友圈，认识一些文友，这就有了对比。

在自律上，人也是需要氛围的。

多看自己喜欢的东西。

不用压抑自己的需求，对什么感兴趣，可以多去看一看。比如对房子感兴趣就多去看房子，对好的家具感兴趣，没事就逛逛家具店。

一个人如果对所有事情都无欲无求，会更倾向于"躺平"，而不是斗志满满地去实现一些目标。一个人之所以有蓬勃的生命力，正是因为他有很多喜欢的东西，并且有得到的欲望。欲望就是一种内驱力，有了这种欲望，我们会发现，自己的意志力好像更强了。当然，过犹不及，不要沉迷于这些事物上，不然容易焦虑。

多看励志的内容。

多看一些积极的、励志的内容，你整个人也会更积极。很多人都有这种经历：看到某个人的励志故事，便觉得自己太不努力了，然后也会奋发图强。我有位学员就是这样的，她以前老觉得自己没有时间写文章，后来看到别人早上 4 点多起床写文章，她受到鼓舞，也决定 4 点起床写文章。结果一个月写了将近 30 篇，完美地解决了没时间的问题。

在成长期，多靠近正能量的人，多看励志的内容，让自己置身于一个积极的能量场，你会更容易自律。

4．对人生复盘

晚清四大名臣之首的曾国藩有写日记的习惯，他的日记里有很重要的一部分内容，就是自省。比如哪些做法不够好、哪些想法有问题，他都会及时在日记里记录下来，督促自己改正。

这个方法特别好，我们也可以给自己准备一个"纠错笔记"，在自律的过程中，发现自己哪方面有问题，就在笔记中记下来。很多时候，我们知道了问题不一定会改，因为很容易忘记，但记下来以后，就不会轻易忘记。我的很多小毛病，都是通过这个方法改变的。比如我是一个很感性的人，总是莫名其妙地不开心，莫名其妙地焦虑。我觉得这一点特别不好，正好当时看到稻盛和夫的一句话：不要有感性的烦恼。

这句话深深触动了我，也能解决我的问题，于是我把它记了下来。每当我莫名其妙地不开心的时候，想想这句话，那些不开心便跑得无影无踪了。

又如，有时候我不是很自信，但又知道自信很重要，于是在笔记中写道：自信胜过一切。每次看到这句话，我都觉得全身充满了力量。

给大家看一下我的"纠错笔记"里的部分内容，我的做法很简单，就是把它们记在手机备忘录里，以便随时记录、随时查看。

> **标题**
>
> 今天 下午4:20　未分类
>
> 需要记住并做的
>
> 1. 不要有感性的烦恼
> 2. "牛人"问了不该问的问题，不必过于坦诚，不要着急和"牛人"合作
> 3. 自信胜过一切
> 4. 等别人说完，充分了解了对方的想法再开口，不要急着给答案，多听别人的意见
> 5. 只给真正对的人提建议，不然只会换来别人"不买"的理由
> 6. 不要有多余的动作，把所有的时间、精力和流量都集中在当下最重要的事情上

一点点修正自己的问题，其实也是一个"升级打怪"的过程。本来对一件事情就有厌倦感，但因为要修正自己已有的问题，所以再做它的时候，心态便会不一样，会觉得有新的使命。当你处于厌倦期时，可以更加精益求精，不断地复盘总结，看看自己在做事的过程中犯了哪些错，有哪些问题需要立即改正。

不断地总结，不断地修正，每一天都是新的一天，除了让我们更轻松地坚持做一件事，还能让我们更快速地成长。人本来就是在做事的过程中成长的，不做事，想再多也很难成长。

复盘时，我们可以从以下几个方面入手。

寻找厌倦的原因。

首先聚焦于事情本身，确定它有哪些流程不够合理，需要优化。

比如，一个项目你做了3个月依然进展缓慢，你自己也快耗尽热情了。这时要静下心来想一想，到底哪个环节出了问题？是哪个环节造成了项目进展缓慢？有没有方法可以解决？

就拿读书来举例，如果你一开始兴致勃勃，立志每个月要读两本书，但是读了一个月，觉得索然无味，不想再读了。这时，你就要想一想，为什么觉得读书没意思？思考后你会发现，是因为自己读的书用不上，全是纸上谈兵，对自己没有什么帮助。

找到问题了，如何改正呢？那就读一些自己能马上用到的书，或者读完书以后写文章做分享，这样读书对你来说就不是无用的了，你自然也愿意继续读下去。

可以优化的细节。

如果你没有记笔记的习惯，读了总是忘，就可以督促自己，以后读书时老老实实地记笔记。当你在公司做一个项目时，总是喜欢什么事都自己做，而不是让其他人配合，虽然自己也能做完，但明显不是最优解，那就督促自己，以后该让别人配合的时候一定要说出来，大家一起来完成。在做一件事情的过程中，会有很多的小细节值得关注，如果你发现它有可以优化的空间，就及时记录下来，督促自己去优化。

一些不起眼的小细节，改变了就可以让你做事更高效。也因为要改变这些小细节，所以你会赋予这件事不一样的意义。

调整自己的心态。

曾国藩经常在日记里写自己的心态，比如傲慢了、自大了等，及时记录下来以后督促自己改正。

我们在自律的过程中肯定也会有各种各样的心态，比如不自信，或者遇到困难总是想退缩，把这些心态记录下来，督促自己改正。不要觉得心态改不了，你只要知道自己有这个毛病，并且不断地告诉自己可以改，就真的能改。

　　比如说，你遇事不主动，从来都是被动等待。当你发现自己有这个毛病时，就可以记录下来，并且告诉自己：下次一定要主动一点儿。以后，当你遇到挫折想请人帮忙，但又不敢主动去请时，就在心里跟自己说：我一定要主动一点儿，一定要改掉自己的毛病。

　　心态不好，很难坚持下去，只有意识到问题，才能改变它。

四、养成习惯，让自律像吃饭、喝水一样简单

洗脸、刷牙、吃饭、喝水这些事情你觉得难吗？不，你会觉得很简单，再不自律的人也能轻轻松松地完成这些事情。但是你一定记得，小时候其实洗脸、刷牙这些事我们也不愿意干。每天至少做两次，多麻烦呀，冬天还特别冷，所以我们总是想办法偷懒，要父母反复督促才肯去做。

不管愿不愿意，不知不觉间，这些事我们做了几十年，早已成为一种习惯，早上起床闭着眼睛都能摸到水池边，熟练地洗脸、刷牙。哪天睡前不做，大多数人都是睡不着觉的，觉得浑身不舒服。

这就是习惯的力量。

当一件事情被养成习惯后，根本不需要自律，你会本能地去做它，不会排斥、不会厌倦，甚至不会觉得有丝毫的痛苦。在这种情况下，坚持有什么难的？你根本不会觉得是在坚持，因为不做你才会难受。

我现在对于写作的态度也是如此。很多人觉得我坚持写作 12 年太厉害了，但其实对于我来说，它已经成为一种习惯，哪天不写我

就浑身不舒服，觉得这一天好像虚度了，3天不写，我就觉得自己变得面目可憎。哪怕中间有厌倦过，有觉得没意义过，但本能驱使我继续坐下来写，顶多就是状态差一点儿。

最轻松、长久的自律，一定是养成习惯，让这些事情像洗脸、刷牙一样简单，像吃饭、喝水一样刻进基因里。那么，怎么才能让自律变成一种习惯呢？

1. 不要违背原则

作家村上春树30多年写了13部长篇小说。随着年龄的增长，体力逐渐衰弱，他决定通过运动来强化体能。他选择了跑步，每周坚持跑60千米，不管工作多忙，天气多么恶劣，几乎从不间断。当然村上春树也有过厌倦，有过不想跑的时候，但无论如何，他最终一定会去跑步。他还专门写了一本书——《当我跑步时我在想什么》。

"违背了自己定下的原则，哪怕只有一次，以后就将违背更多的原则。"这是村上春树的自律感悟。很多人应该都有过类似的经历，比如规划好了每天读10页书，你坚持了10天，在第11天的时候，不太想读了，跟自己说：算了吧，今天就不读了，一天不读也没什么影响的。一天不读书，确实没什么大不了的，但以后每次不想读的时候，你都会想：算了，今天不读了，反正又不是第一次了。某一天你会忽然惊觉，自己居然一个月没有读书了，顿时觉得好懊恼，也会忍不住回想：明明说好了每天读10页，为什么居然一个月都没有读呢？这就是从你第一次破坏原则开始的。

一个人破坏自己的原则，理由有很多，比如觉得这事没什么大不了的，明天可以补回来，这就是补偿心理。所谓补偿心理，就是自己坚持做一件事情，并且做得很好，往往会想：这段时间太辛苦了，我补偿一下自己吧，今天就不做了。

- 我已经三个月没有吃蛋糕了，今天多吃一点儿没关系的。
- 我已经努力半年了，应该让自己休息一个月。
- 我已经一个月没购物了，今天可以多买一点儿。

这些都是补偿心理在起作用。看上去合情合理，但实际上，它依然是你为自己找的借口。

一般来说，因为厌倦不想动而破坏原则，我们会有罪恶感，但因为补偿心理而破坏原则，则不容易被察觉，甚至我们还会觉得自己做得没问题。在习惯养成阶段，不要轻易破坏自己定下的原则，原则被打破一次，就会有第二次。当然，你定的原则一定是合适的，本书前面的章节里讲过怎么制订计划，按照那些方法去定原则就好。原则定下来以后，在执行过程中会出现两种情况：一种是不想动，心生抵触；另一种是可以很轻松地完成目标。

对于后者，不需要把目标扩大，你可以选择超额完成。比如你计划每天看 10 页书，但每天都忍不住看 20 页，不用急着改目标，这样每天你都会很有成就感，因为你超额了呀！等习惯养成以后，再根据实时情况做调整。

对于前者，我们要做的就是不给自己找任何借口，哪怕做得质量不高，也一定要去做。还拿读书来说，你计划每天读 10 页，但经常不想动，想补偿一下自己，这时一定要记住不能破坏原则，再不情愿也要拿起书本翻阅，不要求自己记住多少内容，只要做了拿书翻阅这个动作就好。

要想养成习惯，就需要在任何情况下，都去做计划好的那件事，哪怕质量不高，但有这个动作，习惯就能更快养成。就像小时候我们不喜欢洗脸、刷牙，像小猫洗脸一样随便打湿一下，但因为做了这个动作，慢慢就养成了习惯。

当然，偶尔一两次质量不高没关系，如果质量每次都不高，那就要重新考虑这件事是不是合适，以及计划是不是合适。

2．重复次数足够

心理学上有个结论，一个人21天都重复做一件事，就会养成习惯。当然，这个结论并非无懈可击，也有人说，需要重复66天。每个人情况不同，不能一概而论。我觉得不用太在意具体要多少天，不然别人21天可以养成习惯，你21天没有养成，岂不是会怀疑自己？这种内耗没有意义，我们只需要记住一点，要想养成习惯，就需要重复足够的次数。重复的次数多了，大脑和肌肉都形成了记忆，就会本能地想去做那件事，而且越做越轻松。

所以，你想养成哪种习惯，重复去做就好了，直到它成为你的一种本能反应，不做觉得难受。人人都想养成良好的习惯，但重复是一个相对枯燥的过程，怎么能保证我们会一直重复下去呢？记住以下几点。

从小习惯开始。

做任何事情都需要循序渐进，一开始不要挑战很难的习惯，可以从微习惯开始。比如写作，不要一开始就挑战每天写3000字，可以每天写100字。这个目标特别小，也很容易实现，完成度自然也会特别高。

一种小习惯的养成，会让你更自信，然后在这个基础上，再一点点增加难度。比如当你每天写 100 字觉得很轻松时，可以改成每天写 500 字。以此类推，后面就可以很轻松地实现每天写 3000 字。前期每天写的 100 字也不要浪费，你可以发朋友圈，或者发在公众平台上，这样你会更有动力。

一个阶段只养成一种习惯。

不要试图一下子养成很多习惯，那样难度太大，很容易坚持不下去，而且你的精力分给了几件事情，效果肯定会大打折扣。所以不要贪多，一个阶段只养成一种习惯就好。比如说，你想养成读书和做饭的习惯，可以先一心一意地读书，保证按计划完成读书的任务，不给自己找任何不执行的借口。等读书这件事越来越轻松，不需要花费意志力也能完成的时候，再去好好做饭。

尽量固定时间。

同样的时间做同一件事，更容易养成习惯，因为时间和事件强绑定，大脑更容易记住。很多自律达人都是早起跑步，而不是有时早上跑有时晚上跑。

如果条件允许，尽量固定时间，这样会更快、更轻松地养成习惯。条件实在不允许也不用沮丧，顶多花的时间比别人多一点儿，也没什么大不了的。

把习惯写进清单里。

如果你写每日清单，一定要把想养成习惯的事情写进清单里，这样可以提醒自己，到时间一定要行动，避免自己一忙就把它忘了，或者根本没给它预留时间。把养成习惯当作一项工作认真对待，你越重视它，越容易按时完成，自然也越容易尽快养成习惯。

以上所有的技巧，都是为了方便我们更好的重复。当然，我们前面讲的保护兴趣、增加挑战，也同样可以用。也就是说，在重复的同时，我们可以给所做的事情适当增加难度和趣味性，让它一直都有新鲜感。总之，不管用什么方法，只要你能保证一直重复做一件事，就是养成习惯的开始。

3．给自己贴标签

我曾经在朋友圈发过一句话：不要随便给自己贴标签，如果一定要贴，记得贴好的，别贴不好的。如果你天天说自己是一个不自律的人，就会变得越来越不自律。

有人评论说：我天天说自己是一个自律的人，难道就能变成自律的人了吗？

答案当然是否定的，单纯的"口嗨"任何时候都没用，它需要和行动结合在一起。行动很重要，你给自己贴的标签同样很重要。标签其实就是一种心理暗示，如果你跟一个人还没有认识，别人就告诉你，这个人"小器""鸡贼"，你就会在心里排斥他，跟他交往也会不自在，甚至会处处提防。"小器""鸡贼"其实就是别人给这个人贴的标签。这种心理不但体现在跟人的交往上，在自己身上也同样如此。你给自己贴一个"懒""笨""'死'也不想自律"的标签，就会暗示自己：一定要这么做，不然就打脸了，也就没有个性了。

有一句阿拉伯谚语说，面具戴久了，就变成你的脸了。为什么会这样？明明只是戴了一个面具而已啊，为什么最后变成脸了？因为你戴着这个面具，就会不停地暗示自己：这是我真实的样子，我需要向这个样子靠拢。重复的次数多了，就养成了习惯，也会在心里越来越认同。一定要给自己贴好的标签，不管是跟自己对话、跟别人聊天，还是在公众平台上写个人简介，都尽量积极一点儿。你可以说自己是一个自律的人，而不要经常说自己是一个很不自律的人。

我给自己贴的标签是"坚持""高效""每天工作3个小时""写作达人"。标签都贴出来了，当然要朝着这个方向努力，所以会时刻要求自己，一定要高效，一定要能坚持做一件事，一定要把写作这件事做好，一定要争取每天只工作3个小时。

当我自己践行这些标签时，传递出来的信号别人也能接收到，所以慢慢地大家都知道了，我是一个很高效的人，并且特别能坚持，还很擅长写作。这反过来又会督促我，一定要这么做，因为我本身就是这样的一个人，如果做不到，我的特色和优势就没有了。

经常有人在微信上问我各种问题，比如有人问：小小老师，我想学习写作，但是怕自己坚持不了怎么办？我是一个很容易放弃的人。其实，这就是在给自己贴不好的标签。从这句话里可以感受到，这个标签一贴，他就给自己找好了退路：因为自己是一个很容易放弃的人，所以万一以后放弃了，也是很正常的。

我一般都会这样回复：能不能坚持是你自己说了算，你觉得自己能坚持就一定能。说实话，如果这种心态不改变，基本上不可能学好任何东西。因为稍有困难就会放弃，每天想的也是自己到底能不能坚持，而很少关注要学习的内容。不管自己本身是什么样的人，先在心里跟自己说：我是一个能坚持的人！

我们一定不要成为那个传播负能量的人，更不要天天沉浸在自己营造的负能量里。你的敌人，只有你自己。

"

第 6 章

为什么越着急越不能自律

> 魔鬼同上帝在进行斗争，而斗争的战场就是人心。
>
> ——陀思妥耶夫斯基

自律之所以被称为"自律"，是因为决定输赢的，只有我们自己，这是一场自己和自己的斗争。我们觉得自律很累很难，不是因为它真的难真的累，而是我们人为地增加了难度。很多刚开始自律的人，都会有以下这些状况。

1. 想坚持每天早起看书，还没开始做呢，就担心自己会做无用功，害怕辛辛苦苦很久，最后得不到自己想要的。每天想这些事情，根本静不下心来看书。

2. 想做自媒体，刚坚持更新了两天，看阅读量低，就怀疑坚持更新也不起作用，急得到处询问：到底怎么才能让阅读量提高呀？

3. 别人一个月写了20篇文章，自己却只能写5篇，觉得自己很失败，既焦虑又沮丧。

4. 一下子列很多计划，要求自己每一个都高质量完成，如果某天出了突发状况，导致一个计划完成得不理想，就陷入自我否定中。为了更好地自律，从来不休息，不享受生活。

为什么会出现以上这些情况？因为人喜欢得到即时满足——决定做一件事，恨不得马上看到成绩。如果成绩一直出不来，就等于是延迟满足，而大多数人都无法接受延迟满足。

20世纪60年代，美国斯坦福大学心理学教授沃尔特·米歇尔做过一个关于"延迟满足"的实验。研究人员找来十几名儿童，在他们面前的托盘里放上棉花糖、曲奇和饼干棒等儿童爱吃的零食。研究人员告诉他们,可以马上吃掉托盘里的东西,也可以等到研究人员回来后再吃,那时会得到更多的棉花糖。而且,在研究人员离开后,他们可以按桌上的铃,研究人员听到铃声会返回来。

为了抵挡诱惑,有些孩子捂住眼睛,不看面前的棉花糖;有些孩子做小动作,比如踢桌子、扯辫子等转移注意力。但大多数孩子坚持不到3分钟就放弃了,拿起桌上的棉花糖,迫不及待地吃掉了。只有三分之一的孩子坚持了15分钟,等到研究人员回来才拿起棉花糖。

其实很多成年人依然还是迫不及待吃棉花糖的孩子,只不过放在孩子面前的是小小的棉花糖,放在成年人面前的,是更大的诱惑。大多数人总是急于求成,所以我们会发现,越是心态急迫的人,越不容易自律。一个人太着急,就会导致一些不好的结果。

一是疲惫。

本来一件事情可以3个月完成,但你想更快地看到结果,就想用一个月的时间来完成。同样的工作量,时间缩短了,意味着每天花费的时间增加了,休息时间极少,身体会觉得疲惫。又因为着急,心也会觉得累,所以到最后就是身心俱疲。

一个人太累,是没有办法很好地自律的,因为疲惫会消耗太多的意志力,人又不是钢筋水泥做的,哪有那么坚强?

二是焦虑。

人为什么会焦虑?就是因为想要的东西暂时没有得到,但自己又急切地想要得到。如果想要的都得到了,或者有合理的预期,知道慢慢来,也就不会焦虑了。

所以，越是急着自律，并通过自律取得成绩的人，越容易焦虑，一焦虑就静不下心，静不下心就无法自律，形成了恶性循环。

三是担心。

很多人在自律时，会有各种担心，一会儿担心结果不好，一会儿担心过程不可控，一会儿担心别人会取笑自己。过于担心，是一种精力内耗，精力被这些杂念消耗了，又怎么能更好地去自律呢？

四是严苛。

为了尽快地看到成绩，有些人会对自己特别严苛，要求自己完美无缺。过于严苛并不是什么好事，它会让人情绪失控，让人焦虑崩溃，让人没有动力坚持，反而不利于自律。

很多人自律不成，而且变得脾气暴躁，就是这个原因。如果自律没有做到，成果也没有看到，自己却变得面目全非，这就已经违背了我们自律的初衷。

我们为什么要自律？因为越自律越轻松，越自律越自由，我们最终的目的，是通过自律变得更轻松更自由。到底怎么做，才能不违背自律的初衷，让自己越来越轻松、越来越自由呢？

一、别在疲惫状态下自律

我每天早上一边健身一边背唐诗，虽然时间只有 40 分钟，但慢慢发现一个很有意思的现象：我的背诵效率随着时间的推移慢慢降低。

刚开始 5 分钟就可以背会一首，后面则需要 8 分钟，再后面需要 10 分钟。如果 40 分钟以后我没有停下来，会发现脑子变得越来越"笨"，只是麻木地在背诵，但其实根本记不住多少。因为我的大脑此时已经很疲惫，再也难以记住新的东西。

小的事情如此，大的事情也如此。

有时候我一天的工作很忙，从早到晚没有充分休息，晚上下班时，累到连话都不想说。这时候如果让我去学习，根本不可能有任何效率可言，而且情绪也会很糟糕，要么想发火，要么情绪低落。

太疲惫的时候，我是没有办法自律的。哪怕平时情绪管理得很好，学习效率也很高，但只要累了，学习效率就会降低。甚至，我会忍不住无止境地刷短视频，试图用这种方式来让自己恢复元气。一个人在疲惫的时候，很容易自律失败。比如你今天已经很累了，还要强迫自己写一篇文章，这是很难做到的，但做不到你又会沮丧，觉得自己很失败，连自律都做不到。

所以，想要更自律，就不要让自己太疲惫。

1．睡眠充足

晚上睡觉前，想到某件事情还没做，但根本没有动力爬起来去做，只能跟自己说：先睡一觉，明天起来再做！第二天醒来，神清气爽，再想到需要做的那件事，会立即从床上爬起来，快速把那件事情做成。这样的事情，你一定经历过吧？

很多人为了自律，把睡眠时间压缩了又压缩，某些励志偶像、成功人士也会宣称自己一天只睡3个小时。之前网上流出了某个"大佬"的作息时间表，很多人看完以后惊呼：终于知道为什么人家是"大佬"，而我是普通人了，人家一天工作18个小时，运动1个小时，只睡5个小时。如果你也盲目这么做，不但不会变得更自律，还会无法自律。一个人睡眠不足，会有很多负面影响，如注意力难集中，记忆力下降；精力欠佳，动一下觉得累；控制不住情绪，容易冲动；免疫力下降，身体变差。

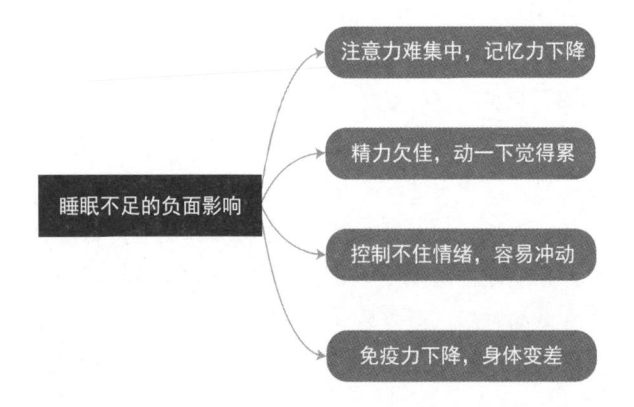

```
                        ┌─ 注意力难集中，记忆力下降
                        │
                        ├─ 精力欠佳，动一下觉得累
   睡眠不足的负面影响 ──┤
                        ├─ 控制不住情绪，容易冲动
                        │
                        └─ 免疫力下降，身体变差
```

不要复制别人的作息时间表。别人一天睡3个小时,可能只是偶尔为之,也可能别人天生就是精力好。每个人对睡眠的要求是不一样的,有人睡5个小时就够了,有人需要睡8个小时。一般来说,保证睡眠在6～8个小时是比较正常的。也可以根据自己的精力来判断,如果睡5个小时觉得每天也神清气爽的,那说明对你来说也够了。我自己算是一个精力差的人,一定要保证充足的睡眠,除了晚上睡够8个小时,中午还要休息半个小时,不然下午就没精力工作。

你可能会说:我也想睡眠充足,但要做的事情很多,时间根本不够用,怎么办?

本书前面讲了很多方法,比如一个阶段只做一件事,以及根据自己的时间、精力和能力来制定目标。除此之外,还可以提高工作和学习效率,以及管理好自己的时间。

这些方法,都可以让我们有睡眠的时间。如果已经这么做了,可时间依旧不够用,只能压缩睡眠时间,那就记住循序渐进。以前每天睡8个小时,不要一下子只睡5个小时,可以从每天睡7个小时开始。睡眠减少了1个小时,一般来说影响不大,但这1个小时可以做很多事情。

跟睡眠时间比起来,最重要的是睡眠质量。

首先,不要熬夜。如果你凌晨3点入睡,即使睡够了8个小时,也依然会觉得累。除非工作需要,长期坚持这种作息,形成了生物钟,否则,尽量在12点之前入睡。

其次,不失眠、不做噩梦。如果躺在床上迟迟不能入睡,好不容易睡着了又噩梦不断,早上起来整个人都会无精打采的。有这种情况,还是先找到睡眠不好的原因,尽快解决这个问题,不然睡再长时间也无用。

只要睡眠时间不是太短,质量又不错,人就会精力充沛。哪怕昨天很疲惫,睡一觉起来又元气满满了。人只有精力充沛,自律的效率才会更高。

2．学会"甩锅"

我婆婆是典型的家庭主妇,不管是做饭还是洗衣、拖地,都做得无可挑剔,当然,她对家里的每一个人也都很挑剔。比如她让公公去洗碗,但她自己并没有闲着,而是在旁边不停地指挥:你要先放洗洁精,不要用凉水!

孩子去拖地,她会一边把拖把夺过来,一边说:你别拖,拖不干净我还要重新做一遍!除了挑剔,她也轻易不使唤人。哪怕自己身体不舒服,也坚决不说出来,还是该做什么就做什么,结果身体就更不舒服了,连带着心里也不舒服,于是又开始唠叨一家人,觉得大家不心疼她。

很多人之所以累,就是因为和我婆婆一样,事事都要亲力亲为,总觉得别人做得不好,或者不想开口使唤别人。经常有人给我留言:小小老师,我自己很想学习,但既要带孩子,又要做家务,每天累得不行,完全学不进去。我一般都会建议:家务活让家人一起承担,或者找个钟点工,如果父母愿意带孩子,也可以请他们帮忙,哪怕在一起有点儿小矛盾,可能会让你受一点儿小委屈,只要总体来说可以让你更轻松,就值得。

人的精力有限,什么事情都自己做,当然会很累。人太累了,是没有办法自律的,所以要学会"甩锅",把身边的资源都利用起来,解放自己的时间和精力。长远来看,这会对你的人生更有益。

有人会说：我也想"甩锅"，但别人都不愿意帮我做，我能有什么办法？以下两种方法可以试一试：

一是付费。

在能力范围内，能花钱解决的就尽量花钱。比如说，做家务会花费很多时间和精力，可以找钟点工；带孩子可以找阿姨。

除了生活琐事，工作和学习上的事情也是一样的。你要做一个项目，里面需要用到海报，如果你自己不会做，不用从头学，花点儿钱找人做就好了。你要做视频，但不会剪辑，也同样可以花钱找人帮忙。找专业的人做专业的事，既可以高效解决问题，又可以节省你的时间和精力。因为不会的事情，你从头学太难了，也太消耗精力了。

我自己很早就开始为一些事情付费，所以现在基本上只负责写作和拍视频，排版、运营、剪辑都有人帮我做。如果事事都自己做，累死也不可能做完。值得学习的事情，也尽量花钱跟专业的人学，而不是自己漫无目的地搜免费的资源，太累也太浪费时间，效果还不好。

二是和家人分工。

如果没办法付费，那就请家人帮忙，需要做好分工。比如带孩子和做家务，可以有人白天带有人晚上带，有人负责做饭有人负责洗衣。每个人分担一点儿，大家都不至于太累。

但是家人之间，如果有人不遵守约定，就很容易有矛盾。所以最好把这个分工明确写出来，如果对方不做，自己坚决不要包揽过来，更不要因为看不惯对方做的而自己动手。这都是在破坏规则。

其实，不管是家里的事还是公司的事，谁都可以去做，不要把自己看得太重要，不要觉得自己不可或缺，更不要觉得只有自己做的才是好的。

有些事情，可以降低一点儿标准，睁一只眼闭一只眼就行。比如地拖得不太干净，又有多大关系呢？不要在这些无关紧要的事情上消耗心力。做的太多会累，"看不惯"的太多也会累。

3．别太追求完美

在写这本书时，我给自己制订了详细的计划，除了休息时间，每天至少写3000字。大多数时候，都能完美完成，有时候状态好，还能一口气写5000字。但是有两天因为要找资料，而且中途被杂事打乱，结果一下午只写了1000多字。这让我觉得很沮丧，因为这个字数太少了。一般来说，我10分钟就可以写这么多字，但那天我居然花了整整一个下午的时间。

当时我脑子里的第一个念头是：晚上我要加班继续写，一定要写够3000字。

但我很快意识到这不可能，因为当天晚上我还要直播，结束时已经10点了，不可能再加班了。这让我瞬间差点儿崩溃，有一种深深的失控感。

如果这么发展下去，那么晚上直播也会没心情，觉也睡不好，所以我立即更换了一种思路，开始找替补方案。我算了一下时间，就算我当天只写了1000字，周末多加半天班就好了，这对我来说，并不是很难的事情。既然加半天班可以解决，那就放过自己，愉快地直播，直播完再愉快地休息。只有休息好了，第二天的工作才不会受影响，不然每天都做不完，一天天累积，最后就真的完不成了。

有时我们觉得累，是因为总想结果完美一点儿。但在做事的过程中，又因为各种状况的出现，结果不那么完美，心态崩塌，便身心俱疲了。比如，你想每天读 10 页书，如果某天读的书毫无意义，或者自己没看懂，会觉得自己白读了。

人又不是机器，怎么可能事事完美呢？如果某天实在不想行动，还可以降低门槛，只让自己去做那个动作就好，不管结果好坏。反过来也一样，有时候我们满怀信心地去做某件事，但做出来的结果没那么好，就当是降低门槛了。只要不是次次都如此，没什么大不了的，不用太苛责自己。当然，我们也不能拿这个当借口，天天敷衍了事。不追求完美，有以下两个前提。

一是认真在做。

你在认真地做这件事，只不过，中间遇到了一些状况，比如事情难度大，或者有别人打扰，所以结果不那么如意。偶尔出现这样的情况，不是你的问题，只是一些不可抗拒因素。接受它，而不是在心里打击自己。

二是有解决方案。

结果不那么满意，要有解决方案，这样才能保证既不让自己为难，又可以达到想要的效果。比如今天读的 10 页书没有理解意思，可以明天再读一遍；对自己今天写的文章不满意，可以明天再写一遍；今天工作量没做够，可以明天补起来。这都是合理的解决方案。

最重要的是，我们要在心里放过自己，别把自己逼得太紧，别让自己在已经很疲惫的情况下，依然做很多事情。如果今天太疲惫了，有些事情也可以放到明天再做。事事追求完美，整个人绷得太紧，这本身就会让人觉得累。

放轻松一点儿，允许自己偶尔犯错，偶尔拿不到好结果。心态越放松，人也越轻松。

二、越焦虑，越不容易自律

经常有粉丝问我：我很焦虑怎么办？有没有办法缓解焦虑？很多人还会给焦虑加上一个形容词，叫"莫名其妙的焦虑"，就是不知道自己为什么焦虑，但就是焦虑。其实任何焦虑都是有原因的，一般来说，焦虑形成的原因有以下这些。

一是过于在意他人的看法。

有些人很在意外界的看法，总害怕自己做不好别人会笑话。有学员就曾说过，他写了文章不敢发给老师看，怕写得不好老师不开心，甚至笑话他。这种在意，让他很焦虑。

二是过分自责。

事情没有做好，天天在心里指责自己，后悔当初为什么不选择另外的做法，结果就越来越焦虑。比如很多人在写作上落后于人了，就开始自责，为什么当初不逼自己多努力一下呢？

三是太着急。

急着想看到结果，但结果往往又没那么快可以看到，所以心里焦虑得不行，完全静不下心来。焦虑是一种很可怕的状况，它会让你做什么都静不下心来，让你每天各种怀疑自己，产生各种不开心和情绪失控……

苏东坡在《定风波》里写道："试问岭南应不好，却道：此心安处是吾乡。"这首诗背后有一个故事。岭南这样一个荒僻之地，生活条件极其艰苦，韩愈曾写诗叙述了被贬南迁时经受的苦难："下床畏蛇食畏药，海气湿蛰熏腥臊。"在那里生活有多让人崩溃，由此可见一斑。

苏东坡的好友王定国被贬到岭南，歌妓寓娘与之随行。多年后归来，苏东坡问及岭南的生活，寓娘答："此处心安，便是吾乡。"苏东坡大受震动，也感同身受。他一生也是多次被贬，在他人看来，他的生活简直太糟糕了，但他每到一个地方，都会研究当地美食，静下心来好好生活，所以心里一直很愉快，并且有了很多文学上的成就。

只要心安定，再艰难的境遇，再繁重的工作，都不能把人打垮。避免焦虑，让自己平心静气，好好学习、好好工作，比任何技巧都管用。

可是，我们怎么才能避免焦虑，让自己静心呢？

1．缓解焦虑的5个方法

我们都知道焦虑不好，都想要静下心来，可不知道怎么控制焦虑情绪。它像空气一样，随时随地存在，还看不见摸不着。有几个很好用的方法，既不会花太多时间，又立竿见影，对环境还没有过多要求，随时可以做。

抄写。

曾经有两年时间，我事业处于上升期，整个人心态过于急迫，陷入焦虑中，严重的时候，连静下心看书都做不到。有位朋友送了我一本《心经》，我试着抄了几天。第一天没什么感觉，第二天抄完了，忽然有想落泪的感觉，第三天感觉没有那么焦虑了。

现在我们大多数时候都用电脑或手机打字，巴不得越快越好，基本上很少手写东西，但其实手写，速度慢下来，沉浸在一撇一捺里，反而容易静心。很多人喜欢写日记，并且是手写的形式，这也是一种静心的方式。将那些烦恼倾注笔端，它们就像烟一样飞散了。焦虑的时候，抄抄《心经》，写写日记，或者抄写自己喜欢的句子，都可以。实在不知道抄什么，还可以把焦虑的内容写出来。总之，让自己沉浸在文字里，等心静下来，再去想其他更有难度的事情。

运动。

不需要运动很久，哪怕只是到小区走5分钟。有研究发现，改善心情、缓解压力最有效的方式，是5分钟的锻炼。当你焦虑的时候，不要沉浸在自己的焦虑中，而要走出去，看看更广阔的天地。如果实在没条件出门，在家里的跑步机上走几分钟也是可以的。

运动可以释放不好的情绪，很多人不开心的时候，选择出去跑一圈，让自己出一身汗。因为运动时大脑可以分泌多巴胺，多巴胺能让人变得开心起来，人一开心了，坏情绪就跑了。而且，运动也是一种放松方式，等于让人抽离了原来的环境，从身体到心理都会处于放松状态。人越放松，越不容易焦虑。

冥想。

冥想是现在比较流行的方式，很多App上也会有冥想音乐，这些音乐一般都轻松、积极，跟着音乐想象画面，人短暂地抽离了原有的环境，神游到了一个更美好、更轻松的环境里，身体和心灵都会得到放松。

不想跟着音乐，也可以自己坐在那里，闭上眼睛，想象一些美好的事情，或者什么都不想，完全处于放空状态。每天早上或晚上做几分钟，把心里的杂念去掉，你会越来越平心静气，越来越发现，焦虑的那些事情好像不值一提。

听音乐。

音乐有疗愈效果，焦虑的时候，听一听优美的音乐，心情也会好很多。我一般会在临睡前，听听轻音乐，或者白噪声（比如雨声、自然之声），偶尔也会听"佛音"。听这些音乐的时候，会觉得人在自然面前很渺小，也会觉得这世界很美妙，焦虑的那些事情，其实没有那么重要。最好不要听悲伤的音乐，不然焦虑加悲伤，心情更难受了。

深呼吸。

这是最简单的方法。焦虑的时候，深深地吸一口气，再慢慢地呼出去。如此循环几次，那颗躁动不安的心便慢慢地静了下来。心静下来，也就安定了。莫名其妙地想发火的时候，看不下去书的时候，都可以试试，先深呼吸几次，然后决定要怎么做。人之所以焦虑，就是总追求快，慢下来，哪怕只是慢几分钟，焦虑也会被赶跑一大半。

2. 不要和别人比

自己每天读 10 页书，本来觉得挺好的，很有成就感。可某天看别人一天读一本书，马上开始焦虑，觉得自己好失败。强行想跟别人看齐，可一时又做不到，于是更焦虑了。

每次写作班开营，我都会跟学员强调：一定不要和别人比，只和你自己比就好了。我之所以这么强调，是发现有些学员特别容易焦虑。别人把课听完了,自己没听完,觉得很焦虑;别人很快就把作业写完了,并且写得很好,自己却写得很艰难,觉得很焦虑;别人已经交好几次作业了,自己一次还没交,觉得很焦虑;别人上稿了,自己被拒稿,再次觉得很焦虑……

焦虑的结果是整个人心浮气躁,像无头苍蝇一样乱撞,连静下心来好好听一节课都很难做到。其实,他们也是有很大进步的,也做了很多事情。可是,他们眼里只看到了别人,始终看不到自己。很多人的焦虑,都来源于比较。在很多人看来,自己做了多少不重要,是不是比别人做得多、做得好更重要。人比人得死,货比货得扔,要这么比下去,你会发现,不管自己多么努力,取得了多么好的成绩,也总是处于焦虑之中。

我们要学会只和自己比,只关注自己,别人和我们没有关系。把注意力放到自己身上,才能真正静下心来。怎么才能做到把注意力放在自己身上呢?

不过度关注别人。

同一个圈子的人,或者身边的朋友,很难彻底屏蔽,但我们可以不过度关注,不主动询问别人做了什么,有什么成绩。控制一下自己的好奇心,你打听到的事情越少,越容易静心。

不仅仅是别人的成绩,有些人身上还会有乱七八糟的事,也很容易影响你的情绪。如果你觉得自己没有动力,坚持不下去,那么可以多看看别人的成绩,刺激一下自己。这里又说不过度关注别人,是不是自相矛盾呢?其实不矛盾,不同的阶段,我们需要做的事情不同。想找刺激的时候,可以关注别人,让别人的成绩给你动力;但很容易焦虑的时候,就把目光收回来,只放到自己身上。

多关注小事，少关心大事。

很多人一说到世界格局就侃侃而谈，一看到网络上的新闻就各种指点江山，却不知道离家最近的菜市场在哪儿，不知道帮妈妈洗一次碗。在工作和学习上也一样，总想了解行业动态，了解谁一夜暴富了，谁的公司上市了，谁被封号了，谁被罚了。可是这些事情除了让你焦虑，还有什么用呢？不如多关心小事，比如文章的标题怎么取，朋友圈怎么发，今天要看哪几页书，读书笔记怎么做。关注具体的小事，而不是离自己遥远的大事，你会更务实，也会少很多焦虑。

关注自己的计划，不轻易动摇。

想要专注于自己做的事情，很重要的一点，是按照计划去执行。比如你学习写作，计划每天写500字，每天都按时坐下来写；你计划每天读10页书，就按时坐下来阅读。不要今天看到别人写1000字，你也去写1000字；更不要看到别人说写作不赚钱，你就动摇了，质疑这件事情能不能做。

决定了要做一件事，可以之前就衡量好、了解好，知道它是怎么回事，以及它的变现路径，一旦决定了就别轻易动摇。很多人的焦虑，就来源于自己并不坚定，别人说什么信什么。一个人越意志不坚定，就越容易焦虑，因为你不确定自己要做什么。想好了就坚定地去做，不管别人说什么，做你自己的就好。世上道路千万条，每个人想走的路都不同，你确定了自己想走的路，就不要羡慕其他路上的风景。你确定了自己的前进速度，就不要羡慕别人比你走得快。

就像在高速上开车，旁边有无数辆车会从你旁边超过去，但那又怎么样？最后你还不是到达目的地了吗？如果你一直看着别人的车呢？极容易分神，还会忘记路。

3. 要反省，不要后悔

在一个人的一生中，会有无数个后悔的时刻。大到读书、结婚、就业，小到一顿饭、一件衣服、一次没有控制好的情绪。我们之所以为这些事情感到后悔，有很多客观的原因，如当初情绪上头，没有认真思考；当时认知不够，没有意识到这件事的重要性；当时的自己不够自律，没有能力做好它……

我自己人生中最后悔的事情，是在纸媒黄金期中断了写作。那时我已经在几个知名杂志上发了几篇文章，好好写下去，肯定能实现自己的写作梦。但是，因为结婚生孩子，身体和心理改变都很大，这件事情没有坚持下去。多年以后当我再次开始写作时，已经是纸媒的没落期了，那时我经常后悔，为什么当初要放弃呢？其实咬咬牙坚持一下，也是可以做到的。每次想到当初的放弃，都会觉得很焦虑，同时在心里不断地否定自己、打击自己。但后来意识到，焦虑也没什么用，我能做的，就是吸取教训，不要让类似的事情再次发生。

全职写作的第二年，我怀了二胎，这对我来说又是一个考验，但我不想再因为任何事情中断写作了。我做了两个方面的准备，一是减少写作量，但绝不中断。孕吐最严重的时候，写一会儿就忍不住吐，吐完了接着写。任务可以少一点儿，但一定不能长时间不写。根据过去的经验，如果长期不写，就很难找到状态了，后期需要花费很多时间和精力才能续上。二是把事情提前做好。比如进医院的那天早上，我还坐在电脑前往编辑的电子邮箱发文章。坐月子的那个月，肯定是没有办法工作的，我就提前把所有文章都投出去。

现在我已经不再后悔当初的决定了，反而觉得那是一段很好的人生经历,如果没有那段经历,就不会有后来那么坚持的自己。做了不满意的事情,不要陷入无止境的后悔中,那样除了让你焦虑,让你对自己不满,没有任何作用。但是,你可以反省,从中总结经验和教训,然后想办法弥补。比如那些没有好好读书的学生,与其后悔当初没有用功,不如现在腾出时间去参加自考,或者多看书,把缺失的知识补回来。

后悔是很容易的事情,也是很轻松的事情,所以很多人到此为止,除了后悔,什么都不做,最终变成了祥林嫂。自己焦虑,别人讨厌。

如果某件事情让你后悔,你可以问自己几个问题。

第一,我为什么会后悔?

其实就是找到后悔的原因。比如,上学时没有好好读书;写作时没有一直坚持;轻易地换了工作……我们都要从中吸取教训。

第二,能不能弥补?

比如上学时没有好好读书,现在是可以弥补的,虽然弥补的效果会打折,但总比什么都不做强。因为情绪不佳吼了孩子,也是可以弥补的,比如跟孩子道歉,或者陪孩子玩,都是一种弥补。

第三,下次要怎么做?

很多事情是会反复做错的,所以你要想好,下次怎么做。比如说,情绪不佳吼了孩子,下次情绪不好时,先一个人在房间里待一会儿。写作没有坚持,现在再写时,一定不要长时间中断。人会因为反省而变得更强大,做错事不要紧,人生在世谁无错?重要的是,错了以后怎么办呢?

三、越担心，越不容易自律

丹·詹森是美国的一位速度滑冰运动员，是历届奥运会的夺冠热门运动员，但他连续7次都与金牌失之交臂，有时是因为不小心滑倒，有时是因为情绪波动大。这就是著名的"詹森效应"。一个人得失心越重，越担心发挥不好，就越容易发挥不好，从而导致不好的结果。值得欣慰的是，当第8次参赛时，詹森终于打破了"詹森效应"，获得了一枚金牌，为自己的奥运之旅画上了一个圆满的句号。"詹森效应"在生活里处处可见：越担心考试就越考不好；越担心面试就越容易发挥失常；越担心自己做不好一个项目就越是做不好……

经常有人跟我说：我担心自己学不会，我担心自己坚持不了，怎么办呀？最后的结果和"詹森效应"如出一辙：越是担心自己学不会，担心自己坚持不了的人，越是不容易学会，不容易坚持。因为担心会引起连锁反应：首先是坐立不安、难以静心，其次会感到自信心受挫。既不静心又没信心，事情自然难以做好；做不好更没信心更焦虑，最后甚至可能就破罐破摔、不了了之了。在自律的路上，心态要轻松一点儿，不要总担心这担心那的。如果你就是忍不住要担心，怎么办呢？下面几个方法可以利用起来。

1．降低预期

你担心自己做不了，其实只要降低预期，会发现自己完全可以做到。比如说，担心自己学不会写作，别人学一个月那你就学三个月，你看能不能学会。同样地，你担心一个项目做不好，是因为你的预期是"做好了升职加薪"。你降低预期试试，只要按要求做了就好。我们可以从以下三个方面降低预期。

一是时间。

别人做一件事情两天就做好了，你担心自己做不到，就给自己多一点儿时间嘛。就算再笨，时间一拉长，还有什么学不会的呢？所以我们在列计划的时候，就可以考虑进去这一点。很多人一旦决定要做某件事，总想要用最快的速度把它做好，用最短的时间看到效果，可是这样一来很容易担心、焦虑，压力也会比较大。不如慢一点儿，只要能坚持做，哪怕像乌龟一样往前爬，也能到达目的地。

龟兔赛跑是多么痛的领悟啊！兔子跑得快，可它不自律，跑跑停停，最后反而被乌龟夺了冠。慢慢来，坚持不懈可能反而会比较快，给自己多一点儿时间，看起来好像很慢，但能很好地自律，就是一种快速达到目的的方式。

二是精力。

很多人想要的是"躺赢"，不费吹灰之力，想要的就都得到了。说简单点，就是惜力，希望少出一点儿力。但结果往往被打脸。既惜力又预期这么高，你不担心谁担心！

中国有句老话，叫笨鸟先飞。意思大家都知道，就是我没有别人聪明,没有别人悟性好,没有别人起点高,那我比别人更努力行不行?别人做一个项目,可能轻轻松松就做完了,但我担心自己做不了,那我就多花点儿时间、精力在上面。别人写三篇文章就能上稿,我写十篇再想上稿的事行不行?

只要肯多花精力,你会发现,没有什么是你做不到的。如果累一点儿,但能把事情做好,那何乐而不为呢?这个世界不缺聪明人,缺肯下功夫的"笨"人。

三是结果。

很多人做一件事情,是冲着最好的结果去的。创业就想着一夜暴富,投资想着身家翻倍,写作就想着成名成家……

目标定这么高,当然要担心,因为真的太难达到了呀。把结果降到最低,给自己设一个下限,只要这个下限能达到就行。比如说,创业只要别亏太多就行;投资只要保住本金就行;写作只要能顺畅地写出来就行……

预期这么低,想失败都很难,自然也不会焦虑、不会担心。当然,结果也是要不断变化的,每个阶段都定一个最低预期就好,等这个阶段的预期达到了,再往上提一提。循序渐进,只要你一直在做这件事,其实结果都会超出预期。

2.切断担心源

适当的担心不是坏事,它可以督促你更好地自律,很多时候,我们就是因为担心,所以有了压力,才在不想动的时候也能爬起来干活。但如果这种担心造成的压力,让你已经完全静不下心来干活了,那就要想办法解决。

第一步,是要知道担心到底来源于哪里。

把你最近想做的事情列出来，然后再写下每一件事情你在担心什么。

事　　件	担心什么
做账号	不能日更、数据不好、读者批评
写作	写不出来、别人取笑、赚不到钱
做项目	到截止时间做不完、领导不满意、不知道怎么做

每个人担心的细节不同，不管大小，如实地把它们记录下来。你会发现，担心无非有五个方面：一是担心工作量太大；二是担心不知道怎么做；三是担心中途有不可控因素；四是担心结果不好；五是担心别人的眼光。

接下来我们要做的第二步，是针对担心源寻找解决方法。

担心工作量太大，怎么办？

怕自己做账号不能日更，怕到截止时间事情做不完，其实都是担心工作量太大，时间紧任务重，自己的时间和精力不够用。有这种情况时，一定要写计划清单，每天做什么事情，什么时间做，都要写得清清楚楚、明明白白的。比如，做账号想保持日更，就要每天留出一个小时更新时间，最好固定时间，这样就能保证99%的时候是可以按时完成的。遇到特殊情况，偶尔一两次完不成，也没什么大不了的。

做项目也一样，我们在做计划时，就要给自己留一点点余地，这样哪怕偶尔完成得不好，也有时间弥补。具体的制订计划的方法，我们前面有讲解，这里不再赘述。当你因为工作量太大而感到压力太大时，就把计划表拿出来看一看，看完就平心静气了。

担心不知道怎么做，怎么办？

比如你想做自媒体，或者在公司接了一个新项目，但是，完全不知道这件事情怎么做,不知道从哪里下手。

不要自己瞎想,越想压力越大,想法还可能是错的。任何你不懂的事情,一定有人懂,跟别人学就好了。公司的项目可以和领导多沟通,领导既然交给你,一定是在你能力范围之内的,只不过你还没有理顺而已。通过学习和请教,把事情理顺,分成一个个小步骤,将难度降低,你的压力也就没那么大了。

担心中途有不可控因素,怎么办?

比如做账号担心别人举报自己"洗稿"(一种抄袭方法),如果你有这个担心,那就说明你可能在打这个擦边球。最好的方式,当然是防患于未然,不去"洗稿",自然不担心被人举报。有担心是好的,因为你意识到了风险,你要做的,就是把风险提前掐灭,如果提前掐灭不了,那就提前想好备选方案。高手做事都不会只有一个方案,而是有 Plan A 和 Plan B,这样中途出了问题,可以及时更换方案,不至于束手无策。

你只要找到自己的压力源,就一定能找到解决方法。你所担心的,都有了解决方法,你的压力是不是会降低很多?比如针对担心别人的眼光这一点,我们前面讲过,不要和别人比,不要过度关注别人。你不关注别人,就感受不到别人的眼光。至于担心结果不好(赚不到钱),我们后面会讲。

3. 尽人事,听天命

李汝珍在《镜花缘》里说:尽人事以听天命。这句话大家都很熟悉,很多人觉得,这句话太佛系,是在教人"躺平",其实不是,我觉得它很励志。所谓尽人事,就是尽心尽力地做事,拼尽全力地做事，把人的作用发挥到极致。至于结果如何，万事自有它的规律，不是人为可以控制的，那就听天由命吧。所谓听天由命，就是不管结果如何，都坦然接受它。

比如说，公司想上一个新项目，我们能够做的，只有尽心尽力把好每一关，保质保量完成，在做事的环节，做到精益求精。至于结果如何，不用那么在意，又控制不了，在意又能怎么样呢？

做账号就一心一意地做，争取日更，关注每一天的数据，想尽办法出爆款，把自己能出的力全出了，自己能花的心思全花了。至于结果怎么样，听天命就好。

不盯着结果看，只盯着事情本身，只监督自己有没有把事情做好，这样反而更能静下心来做事，往往会有更好的结果。

过于担心结果，会让你变得焦虑不安，不敢轻易付出。就像在公司上班一样，很多人会说：给我多少钱我干多少事，如果我干得多了，但领导不给我钱，我不是亏了吗？领导的想法却是：这个人干了多少事我给他多少钱，如果他干得好，我就给他涨工资。

万一领导视而不见，就是不肯涨工资，能力强的员工可以随时跳槽，自己身上有本事，不愁拿不到高薪。

其实做任何事都是一样的，对于个人来说，想的是尽量少付出就能拿到高额回报，可世界的运行规律是：你只有多付出了，才有可能拿到高额回报。就算付出了暂时拿不到，也可以换个地方拿。

也就是说，其实只要付出了，很少会被辜负。只不过，我们太急迫了，不肯静待花开，以至于自己患得患失，走走停停，不肯全力往前冲。就算努力了很久，最后依然没拿到好的结果，但在这个过程中，其实我们还是有很多收获的，至少锻炼了自己的坚持能力。

四、越严苛，越不容易自律

在电视剧《小舍得》里，田雨岚一心想把孩子培养成学霸，每天让孩子上各种培训班，做各种高难度试卷，考试必须拿满分，还要随时在亲戚朋友面前表演优秀。她对孩子的严苛程度，让观众看了都觉得窒息。结果，孩子没有如她所愿回回考第一，反而对学习毫无兴趣，精神状态也变得极差。

生活中这类父母不少，可大多数时候，父母越是严苛，孩子越是"不自觉"——父母催一下动一下，父母不催就只想玩不想学。孩子如此，大人又何尝不是呢？如果你对自己太严苛，也一样会出现各种问题，造成自己无法自律。比如，为了让自己尽快完成一个项目，逼着自己每天加班到凌晨，不许自己出一点儿差错，事情不做完坚决不吃饭、不喝自己喜欢的饮料；要求自己在所有事情上都必须自律，不允许在任何一件小事上放纵；不允许自己浪费一点儿时间，从不出去玩，也不喜欢身边的人过得太轻松……

弦绷得太紧，总有一天会断掉，对自己过于严苛，也总有一天会发现，自己不是机器，过不了机器一样的生活。而且，就算你能做到一直严苛，如果一直严苛反而享受不到生活的美，也很遗憾啊！我们自律是为了什么？当然是为了让生活更好。失去了生活甚至健康，自律将毫无意义。所以，我们要自律，但不能太严苛，要稍微放松一点儿，既能达到目的，又能享受生活，才是最好的状态。

1．自律和放纵平衡

人人都想自律，讨厌放纵。可如果每件事都自律，你很快就会发现，生活太没意思了，自律太苦了，不想干了。举个例子：你很喜欢赖床，也很喜欢吃火锅。但现在要求自己，必须每天早上5点起床读书，一次也不许赖床，做不到就不许吃火锅。第一个月，你做到了，第二个月，你也做到了，但觉得生活好无趣啊，内驱力直线下降，越来越没有动力起床读书了。第三个月，干脆放弃。

我在写《高效写作》这本书时，严苛地要求自己，必须一个月内写完，写不完坚决不出门，不干任何杂事。写到9万字的时候，我的状态非常不好，每天莫名其妙地情绪低落，甚至莫名其妙地想哭。效率更是大大降低了，以前每天下午写3000字，后来写1000字都艰难。最后，我决定不能再这样了。正好当时北京有个我一直想参加的活动，之前我想着，书不写完绝不走出书房，绝不参加任何活动，但那时我决定先把书放一边，把活动参加了再说。从北京回来以后，我又满血复活了，不会再莫名其妙地情绪低落，书写效率也恢复正常。那本书的后面几万字，写得很轻松。这件事给了我一个很深的教训，让我明白，对自己要求过于严苛，并不是什么好事，即使我自认为挺自律的，也依然会因为太严苛而失控。

人真的没有必要活成机器，该自律的时候自律，该放纵的时候，可以适当放纵一下。那么，怎么才能让自律和放纵达到一个平衡呢？

第一，不用每件事都自律。

比如吃火锅这样的事，只要没有减肥的需求，不会对健康造成损害，完全没必要自律啊，该吃就吃，想怎么吃就怎么吃。甚至，当你觉得自律辛苦的时候，可以专门去吃火锅放纵一下。

在工作和学习上自律，在生活中就没必要太自律。家里脏一点儿就脏一点儿，不想化妆就随意一点儿，不想做饭就不强迫自己必须营养均衡，点个外卖也没什么。

人生真正值得自律的事情其实并不多，如果你无法判断什么事情该自律，什么事情可以适当放纵，那么可以从健康、收益、幸福感、家庭这4个方面衡量，每项满分为10分，看这件事做好了能打多少分。

单位：分

事 件	健 康	收 益	幸福感	家 庭	总 分
工作	0	9	3	9	21
读书	0	5	9	8	22
减肥	9	0	5	5	19
赖床	3	0	0	3	6
做饭	5	2	0	5	12

拿读书这件事来说，不管做得好不好都不影响健康，但做好了至少会有5分收益，收益体现在方方面面，比如让自己更善于思考了，学到的知识可以用在工作上等。当然，对每个人，包括每个阶段来说，收益都是不同的，根据你的理解填写就好。

读书做好了，幸福感能增加，因为会令人产生精神愉悦嘛！同时对家庭也有积极的影响，比如会让自己更善于跟孩子沟通。综合起来，读书做好了，可以得22分。

再拿做饭来说，每天好好做饭，好好吃饭对健康会有帮助。自己做饭能省钱，等于变相有了收益，家人也会比较开心，但自己没有幸福感（这个因人而异，有人能获得幸福感，有人则不能，获得幸福感的分数也不同，根据自己的感受填写就好），所以综合得分为 12 分。20 分以上，说明这件事对你来说很重要，可以自律。10 分以下完全不用自律。10～20 分可以看单项，如果对单项的影响很大，也值得自律。比如减肥，如果身体已经到了必须要减的地步，哪怕其他没多少好处，那么也必须减。

再简单点儿说，有些事情你非常想要，那就自律；有些事情你觉得可有可无，那就不用自律。我在生活里就是一个很不自律的人，出门拖延，没有一个小时出不了门；喜欢赖床，有时为了赖床连早饭都不吃。有些事情，放纵一下也是一种治愈，在这里觉得轻松了，做其他事情时，才会更有动力自律。

第二，不用每一天都自律。

我自己比较自律，特别是自己制订的计划，一定会想尽办法按时完成。这是一个很好的习惯，但我发现，有时候它也会反噬我。比如去年我为了尽快把一个课程制作完，连续 4 个月几乎没有休息过一天，每天的时间都排得满满当当的，不仅每天至少写 5000 字，周末两天也不休息，还在录课。因为有强大的内驱力，课程如期完成了，但一系列的"后遗症"也来了。

首先，因为录课的时候用嗓过度，我的嗓子好几个月都不舒服，说话时间长一点儿就会变声，还会忍不住咳嗽。我不得不把直播的频率降低，平时也尽量少说话，休整了大概两三个月，嗓子才慢慢好转。

其次，课程制作完以后，整个人真的觉得特别累，干什么都提不起兴趣，那时就想，这一年我什么都不干了。后来也是休整了两三个月，每天除了日常工作，什么新项目都没有安排。直到我觉得玩得太无聊，强烈地想要做一点儿新事情时，才重新制订了新计划。

我当时就是过于急迫，想尽快地把课程制作完，所以对自己要求极为严苛，导致后面的两三个月疲惫至极，什么都不想干。其实如果我不那么急，多给自己两三个月的时间，就不至于嗓子出问题。

所以，即使那些很重要的、需要自律的事情，除非很紧急，否则也不用每一天都自律。我在之前的内容里也讲过，大家在制订计划的时候，就要给自己留一点儿空隙，给自己一点儿喘息的空间。

比如做一个项目，可以工作日加班，周末用一天时间放松，完全不考虑工作。再比如读书或健身，也可以每周给自己一两天休息的时间。这些时间想干什么就干什么，反正就是不用自律。

第三，每天自律的时间不用太长。

不必要求自己每天学习10个小时以上，那样注意力也跟不上，每天哪怕只有一两个小时，只要高效运用了，再日复一日地这样做下去，最终都不会差的。即便每天自律时间不太长，同样也需要制订好计划，不要同时做太多事情。别那么急，慢慢来。人生很长，值得自律的事又没那么多，都来得及的。

第四，适当休整。

如果是很小的事情可以忽略不计，比如每天读10页书，基本上不需要休整。但如果是比较大的项目，耗费了你比较多的时间和精力，而且那件事不需要长期坚持，做完了也就完成任务了。

等这件事做完以后，可以给自己一点儿休整的时间。休整不是彻底"躺平"不动，而是减少一点儿工作量，让自己既保持工作的状态，又可以稍做休息。

比如，你坚持写作，决定日更一个月，一个月结束了，你觉得太累，身体吃不消，可以适当减缓一下频率。但这不是说完全停下来，等你休整得差不多了，再对自己发起新的挑战。

总之，我们一定要给自己一点儿喘息的时间，就像跳绳 1 万下，我相信没有人能连续不停地跳，那样真的有可能累死。但我们可以跳一会儿歇一会儿，这样不会太累，但最后也能够跳够 1 万下。

2．一边享受一边自律

很多人应该都有这种想法：等我赚够 100 万元，就允许自己买贵的东西；等我赚够 1000 万元，就去看遍祖国的大好河山。

"等我……就……"

这个句式让我们对自己越来越严苛，因为只有达到某个目标，才能去做自己喜欢的事。我以前也会有这种想法，总想着，等钱赚够了，我就不这么辛苦了，要好好享受生活。正因为有这样的想法，我要求自己必须很自律，必须每年写多少字，不允许自己浪费一点儿时间。周末我是决不会出去玩的，就算和家人一起出去旅行，我也是心不在焉的，总盯着手机看，根本无法体会到风景的美。

那时候我很焦虑，总想着快一点儿，再快一点儿，早点儿达到自己的目标，这样就可以尽情享受生活了。某一天，和朋友聊起未来的规划，我说："就算退休了，我也打算继续写作，不然多空虚呀。"

说完这些规划，忽然意识到，其实自己一辈子都不会退休的，只要身体健康，就会一直工作。既然如此，为什么还要执着于赚够钱才退休呢？再说，就算退休后什么都不干，只享受，万一那时候身体不好呢？万一这个世界有什么变化呢？

　　既然一切都不确定，不如把握当下。想享受生活现在就享受，一边享受一边工作，又不冲突。只不过，工作节奏调得慢一点儿而已。想通这些以后，我就开始周末双休，节假日都不工作，想到哪儿旅行，只要有时间就去。我还花时间学了很多其他的知识，这些知识不一定能赚钱，却可以让我更放松。困扰我很久的焦虑，就这样烟消云散了。大家都说我变松弛了，不再那么紧绷了。

　　本来以为，享受了生活，工作必定会受影响。没想到，每年在做总结时，发现工作一点儿都没少做。因为"浪费"了一些时间以后，人会有一点儿愧疚感，也更有工作的动力。再加上，放松以后状态更好，工作和学习效率都会变高的。

　　既不让自己身心俱疲，又做完了自己想做的事，这才是自律的正确打开方式啊！我们要自律，要取得好的成绩，也要有幸福感。这些并不难得到，只要你愿意做一个长期主义者，愿意慢慢来就可以。

　　最后，我衷心祝愿你在自律中收获幸福！